집단 지성의 파워가 폭발한다!
회의의 고수

"KEKKAWO DASU KAIGI"NI IMASUGU KAERU
FRAMEWORK 38
by Yuko Ono
Copyright © Yuko Ono 2016 All rights reserved.
Original Japanese edition published by Nippon Jitsugyo Publishing Co., Ltd.
Korean translation copyright © 2017 by E*PUBLIC
This Korean edition published by arrangement with
Nippon Jitsugyo Publishing Co., Ltd., Tokyo,
through HonnoKizuna, Inc., Tokyo, and BC Agency

이 책의 한국어판 저작권은 BC 에이전시를 통해
저작권자와 독점 계약한 이퍼블릭에 있습니다.
저작권법으로 한국 내에서 보호를 받는 저작물이므로 무단 전재와 복제를 금합니다.

오노 유코 지음 | 이승정 옮김

회의의 고수

집단 지성의 파워가 폭발한다!

結果を出す会議

매일 최고의 아이디어를 만드는 회의 툴 38

마일스톤

| 시작하며 |

성과를 내는 회의는
시간과 말과 돈이 살아 있다

회의에 참가할 때 꼭 상기하는 이야기가 있다. 19세기 말에 태어나신 나의 할머니가 들려준 '세 가지 생명체' 이야기다.

> 세상에는 많은 생명체가 있지만
> 대부분 신께서 이것저것 관장하신다.
> 하지만 사람이 살리는 세 가지가 있단다.
> 그것은 시간과 말과 돈이란다.
> 이 세 가지는 어느 것이든 하나가 죽으면
> 그것과 사람, 양쪽에게 상처를 입힌단다.

시간과 말과 돈을 죽지 않게 하라는 할머니 말씀은 바꾸어 말하면 사람이 시간과 말과 돈을 살린다는 것이다. 회의는 이 세 가지를 살리기 위해서 존재한다고 생각한다.

💬 쓸모없는 회의란 '성과 없는 회의'

"회의는 쓸모없다"는 말을 수도 없이 들어봤지만, 도대체 무엇이 쓸모없다는 것일까?

시간, 말, 돈의 관점에서 보면, 대부분의 사람들이 의식하는 시간의 낭비뿐만 아니라 여기에는 말과 돈의 낭비도 있다. 회의에서 행하는 말 낭비에는 '무언'이라는 말도 포함된다. 그리고 인건비와 창의적인 고민을 하지 않는 자세 때문에 생기는 돈 낭비도 있다.

이 세 가지 낭비를 곱하면, 낭비를 넘어 황무지에 가깝다. 황무지에 버려진 느낌이 회의를 꺼리게 하고, 대체 어디부터 손을 대야 할지 모르는 허탈감이 사람을 무기력하게 만들어버린다. 만약 당신이 회의에 참석해서 이런 막막함을 느낀다면 그 프로젝트는 새로운 도전을 향해 나아갈 수 없다.

💬 회의를 다루는 힘

나는 지난 10년간, 회사의 강점을 살려 새로운 사업을 추진하는 일, 판매 부진을 개선하는 일, 이제 막 궤도에 오른 사업을 약진시키는 일 등을 했다.

컨설팅 회사나 광고 대행사 등에서 근무한 경험도 없고, 특별한 자격증도 없는 내가 이 일을 할 수 있는 이유는 '회의를 다루는 힘'이 있기 때문이다. 상품 개발, 신사업 개발, 마케팅 전략 수립, 브랜드 구축, 업무 개선 등 여러 방면에서 회의에 관여할 수 있었던 것도 '회의를 다루는 힘'이 있기 때문이었다.

회의를 다룰 수 있으면, 프로젝트 멤버는 생각지도 못한 엄청난 힘이 발휘된다. 멤버 각자의 능력이 집단지성의 가치를 높이는 행동으로 이어진다. 이것이 본래 회의가 지녀야 하는 모습이다.

이 책의 사용법

이 책은 회의에서 좋은 결과를 내고 싶은 사람들에게 도움을 준다. 회의를 진행하는 대화 방법과 매너는 지금까지 내가 현장에서 실천하고 있는 것들이다. 지금 당장 적용할 수 있는 것을 최우선으로 읽을 수 있게 구성했으며, 사전처럼 두고두고 곁에 놓고 사용할 수 있다.

부디 도움이 되었으면 한다.

이 책의 구성은 다음과 같다.

- 1장, 2장

  회의에 임하는 마음가짐과 환경을 중심으로 정리했다. 반드시 결과를 도출하기 위해 회의에 임하는 자세, 회의의 토대를 다지는 데 필요한 규칙을 알고 싶은 사람은 1장과 2장부터 읽는 것을 추천한다.

- 3장, 4장

  발상·확산편, 수렴·집약편으로 나누어 각각 19개, 총 38개의 프레임워크(회의 툴)를 소개한다. 의견을 교환하는 현장에서 중요한 프레임워크를 알고 싶은 사람은 회의의 진행, 촉진, 대화의 구성을 보고 선택해 실천해 보자. 실천의 난이도는 세 개짜리 별점으로 표시했다. 별점 한 개(★)는 쉽고, 별점 두 개(★★)는 노력이 필요하고, 별 점 세 개(★★★)는 사전 지식이 필요하거나 절차가 많다는 뜻이다. 차례와 각 페이지를 참고한다.

- 부록 I, II

  목적별로 회의 유형을 다르게 제안하고, 아이디어나 의견이 나오지 않는 상황과 같이 난감한 상황에서의 해결 방법과 주의해야 할 점을 다룬다. 돌파구가 필요한 회의 때문에 고민하는 사람에게 추천한다.

● 부록 Ⅲ
화이트보드처럼 평소에 아무 생각 없이 사용하는 도구를 다시 생각해 보는 장이다. 회의는 대화를 디자인하는 현장이다. 이때 도구를 어떻게 활용해야 좋을지 이 장을 읽으면 알수 있다.

회의가 사라질 일은 없다. 우리가 사회와 조직에서 활동하는 한 서로 이야기를 나누며 대화하는 현장, 환경, 구조로서 회의는 앞으로도 계속될 것이다.
"회의가 비생산적이다"고 한탄할 것이 아니라 비생산적인 회의를 하고 있는 건 아닌지 생각을 바꾸어보자.
회의를 통해 시간, 말, 돈을 살리는 사람이 늘어나기를 바란다.

2016년 2월 어느 좋은 날

오노 유코

목차

시작하며 성과를 내는 회의는 시간과 말과 돈이 살아 있다   4

1장 | 회의가 바뀌면 성과도 바로 나온다

성과를 내는 회의, 당장 시작할 수 있다   14
논리적인 것보다 우발적인 것을 환영하라   19
조직이 주는 보상은 월급이 전부가 아니다   23
회의는 직장의 인간관계를 바꾼다   26
38개 프레임워크로 회의를 바꾼다   30

2장 | 원활한 회의의 절대 규칙

분위기의 토대가 되는 '5 그라운드 룰'	34
'공정하게'의 의미를 명확히 하라	41
3인 1팀을 의식하라	45
'한 번에 한 가지'를 철저히 지킨다	47
사고의 흔적을 남긴다	52
양과 질은 비례한다	55
브레인라이팅을 한다	58
짧게, 여러 번 반복한다	64
개인과 그룹 차원에서 반복한다	68
발상·확산과 수렴·집약을 반복한다	71

3장 | 성과를 내는 회의로 바꾸는 프레임워크
발상·확산 편

프레임워크 01 절박하면 일단 전부 적는다 ★	78
프레임워크 02 사고의 편견을 깨는 두 축으로 생각하라 ★	83
프레임워크 03 고객 체험을 수집하려면 자신을 탐색하라 ★	89
프레임워크 04 입장이 대립하면 다른 구조로 바꾸어라 ★★	94
프레임워크 05 가치를 확정하려면 숫자 데이터를 모아라 ★	101

프레임워크 06 사각지대를 발견하려면 닮은 것을 찾아라 ★★★   107

프레임워크 07 발상이 막히면 세분화하라 ★   113

프레임워크 08 전례가 없는 것에 극단적으로 도전하라 ★★   117

프레임워크 09 매출과 이익 향상을 위해 '올렸다 내렸다' 해보라 ★   121

프레임워크 10 발상을 전환하려면 역사, 시대의 흐름을 조사하라 ★★   126

프레임워크 11 방향성을 맞추는 비전 보드를 만들어라 ★★   132

프레임워크 12 성공한다 치고 말하는 대화 스타일 ★   138

프레임워크 13 주체성을 끌어내려면 말하는 법을 바꿔라 ★   145

프레임워크 14 실행 단계에서는 비관적인 관점을 활용하라 ★★   151

프레임워크 15 사실과 감정을 파악해 어려운 지점을 고려하라 ★★   158

프레임워크 16 부가가치를 찾아내려면 다른 장소에 놓아보라 ★★★   164

프레임워크 17 예상 밖의 상황을 방지하는 '일어나선 안 되는 일' ★★★   169

프레임워크 18 상식의 틀에서 벗어나려면 뒤집어보라 ★★★   175

프레임워크 19 이미지를 연상하여 '고객'이 되어보라 ★★★   181

4장 | 회의를 창의적으로 만드는 프레임워크
수렴·집약 편

프레임워크 20 지향하는 본질을 은유로 이야기하라 ★★   190

프레임워크 21 4P와 4C를 통해 고객 관점에서 재점검하라 ★★★   196

프레임워크 22 행동 기준을 정하려면 언어를 정의하라 ★★   203

프레임워크 23 문제 해결을 위한 대화 프로세스 ★★★ 209
프레임워크 24 아이디어를 활용하려면 그룹으로 나누어라 ★ 215
프레임워크 25 구체적인 것과 추상적인 것 조합하기 ★ 222
프레임워크 26 일의 질을 높이려면 시계열로 흐름을 파악하라 ★ 228
프레임워크 27 문제가 애초에 뭔지 최초의 발단을 생각하라 ★ 234
프레임워크 28 도박적인 요소를 줄이는 고객 접점 만들기 ★★ 240
프레임워크 29 사고 패턴을 벗어나려면 고차원에서 생각하라 ★ 245
프레임워크 30 고객 입장에서 생각하는 3방향의 질문 ★★ 250
프레임워크 31 효율적으로 아이디어를 내는 '경계선 긋기' ★ 256
프레임워크 32 이미지를 공유하기 위한 '포스터 만들기' ★★ 261
프레임워크 33 메시지는 에피소드와 증거로 구성하라 ★★★ 266
프레임워크 34 구현하기 위해서 4개축으로 정리하라 ★★ 271
프레임워크 35 DSC 리스트로 행동을 분류하라 ★ 277
프레임워크 36 활동의 축을 만들기 위해 '약속 생각하기' ★ 283
프레임워크 37 문제를 발견하려면 갭을 그려라 ★★★ 288
프레임워크 38 인과관계와 상관관계를 나누어 목표를 의심하라 ★★★ 293

마치며 299

부록

Ⅰ 회의가 잘 되지 않을 때 상황별 대처법
Ⅱ 목적별 다양한 회의 스타일
Ⅲ 회의를 활성화하는 포인트!

1장

회의가 바뀌면 성과도 바로 나온다

회의에 임하는 자세가 바로 결과를 내는 결정타다.
팀원의 능력을 업시키기 위해
지금까지와는 다른 회의로 바꾸어 가자.

성과를 내는 회의, 당장 시작할 수 있다

💬 회의라는 시스템

업무와 회의 방식을 개선하고 싶은 경영자가 상담을 의뢰해 오면 먼저 하는 일이 있다. 그 회사를 방문해서 점심시간이 끝날 때쯤 엘리베이터를 탄다. 이때 운이 좋으면 직원들이 대화하는 것을 들을 수 있다.

"오후에 회의가 두 개야. 세 시간은 그냥 가겠네~."
"세 시간은 심하네요. 저라면 완전 잘 것 같은데요."
"자는 건 좀 그렇고 메일 업무나 처리할까 봐. 잔뜩 쌓여 있거든."
"뭐 어쨌거나 힘내세요."

안타깝게도 많은 회사 직원들이 이런 대화를 나눈다. 이 이야기에 동의한다면 '회의를 한다고 결과가 나오는 것도 아닌데, 쓸데없다'라고 생각하는 사람일 것이다. 그러나 잘 생각해 보자.

회의에서 결과를 이끌어내는 책임은 모든 참석자에게 있다. 회의는 쓸데없다고 생각하는 사람, 나와 관계없는 이야기라고 무책임하게 일관하는 사람도 회의를 비생산적으로 만드는 데 책임이 있다.

💬 대화 프로세스를 디자인한다

회의는 이치에 맞는 주장을 과시하면서 자기만족으로 뿌듯해하는 곳이 아니며, 개인 비판을 되풀이하는 장도 아니다. O× 채점을 하는 곳도 아니고 하물며 졸거나 몰래 다른 작업을 하는 시간도 아니다.

회의는 개인의 발상이 어우러져서 집단의 지혜로 승화하는 곳이다. 다른 사람의 견해를 배제하지 않고 다양한 시점으로 서로를 자극하는 곳이며 머릿속으로 '얼마든지 실패할 수 있는' 시뮬레이션의 장이다.

결국 참가자 전원이 깊이 생각하고 선명한 가설을 세우는 장, 자신만의 정답을 만들어내는 장이 회의다.

일의 목적은 조직의 이익을 내는 것이다. 회의의 목적도 조직의 이익에 공헌하는 것이다. 만약 회의에서 결과를 내지 못한다면 회의 시간에 들인 에너지와 시간이 제대로 조직에 스며들지 못한 것이라고 해석할 수 있다.

회의는 '정답을 만들어내고 이익에 공헌하는 대화의 장'이라는 근본으로 돌아가자. 이것이 성과를 내는 회의의 시작점이다.

이익 공헌이라는 목적을 향해 대화 프로세스를 디자인하면 회의의 구성은 모습이 바뀐다. '결과를 낸다 = 목표를 달성한다'가 되려면 '대화 = 프로세스'를 디자인해야 한다. 이것이 성과가 나오는 회의의 사고방식이다.

정답이 없는 것에 도전한다

우리는 학교에서 항상 정답이 있는 것을 배우고 사고 훈련을 거듭해왔다. 근의 공식을 배우면 대입해서 계산할 수 있다. 한자의 획순을 외우고 의미를 알면 어법에 활용할 수 있다.

그러나 사회에 나와 일을 할 때는 정답이 있는 일이 많지 않다. 정답을 만들어내는, 즉 정답이 없는 것에 도전하는 자세가 필요하다.

- 어떻게 매출을 늘릴까?
- 어떻게 하면 이익률을 개선할 수 있을까?

- 고객 수를 늘리는 방법은 무엇일까?
- 이 제품은 어떻게 개선할 것인가?
- 직원의 이직률을 낮추는 방법은 무엇일까?

우리는 매일 업무를 수행하면서 변화에 대응하고 더 좋은 결과를 얻으려고 창의적인 고민을 한다. 결코 정답이 없는 일, 정답을 제시할 수 없는 일인데도 무의식적으로 정답을 찾으려고 고집하는 것은 아닐까.

실패를 받아들인다

회의를 할 때는 '정답이 없는 것에 도전하는' 자세가 필요하다. '정답이 없다'는 것은 모두 가설이라는 뜻이다. 가설에는 실패가 따르기 마련이지만 그렇다고 해서 도박을 해서는 안 된다. 즉, 무작정 도전하는 것도, 실패가 두려워서 도전하지 않는 것도 업무에서는 금기다.

정답이 없는 것에 도전하는 자세로 회의를 하면 선명한 가설을 세울 수 있다. 그런 다음 도전하는 것은 도박이 아니다. 즉, 회의는 정답을 제시하는 것이 아니라 가설의 정밀도를 높이는 장이다. 가설을 음미하고 그것을 기본으로 행동하는 것은 도박이 아닌 도전이다.

설령 가설이 실패하더라도 단순한 실패가 아니다. 정답이 없는 것에 도전하는 것은 실패를 받아들일 수 있는 자세를 뜻한다. 실패를 실패로 끝내지 않고, 실패에서 배우고 가설을 개선, 개량, 강화해 간다. 정보를 비교하고 축적하는 프로세스가 도박성을 낮추고 '우리만의 정답'을 낳는다.

# 논리적인 것보다 우발적인 것을 환영하라

💬 우주 시대의 회의

회사는 '목적지를 정한 후 나침반과 해도를 가지고 큰 바다로 나아가는 배'라는 비유를 들은 적이 있을 것이다. 미개척 시장에 뛰어든 기업의 도전은 새로운 육지와 바다로 나아가는 이미지와 잘 맞기 때문에 오랫동안 경영을 항해에 비유했다.

그러나 지금은 대항해 시대가 아니라 우주 시대다. 대항해는 그 앞에 육지가 있다고 예측할 수 있지만, 우주는 그 앞에 무엇이 있을지 예측할 수 없는 수수께끼다. 어디에 무엇이 있는지, 무엇이 기다리고 있는지, 사람이 살 수 있는 곳은 있는지, 장담하기 어려운 환경이다.

마찬가지로 논리적이고 납득이 가는 근거를 제시해야 하는 회의에서, 그 전제가 '정답을 제시하는 것'이라면 사고의 범위를 파악할 수 있는 전례로 한정하는 꼴이므로 주의해야 한다. 그 앞에 무엇이 있을지 모르는 우주에서는 전례와 다른 발상으로 현상을 타개해야 한다. 전례가 없다는 이유로 새로운 안을 거부해서는 안 된다.

💬 우발적인 것이 필요하다

과거의 경험과 사례에 비춘 근거 제시, 시장에 관한 예측 수치와 전략 수립 등 논리적인 사고도 중요하다. 그러나 동시에 이제까지와 다른 관점으로 새롭게 시도하는 것도 중요하다. 문제를 해결하려면 '우발적인 것'을 기꺼이 받아들이는 힘이 필요하다.

특히 지금까지 잘해왔다는 생각으로 쭉 성장한 조직은 지금까지 잘해온 것을 고집한 나머지 '변화는 없다'를 가치로 삼아 현재 일어나는 시장 변화를 무시한다.

그러나 미래는 결코 과거의 데이터대로만 움직이지 않는다.

예측해서 정답을 확정하고 근거를 쌓아올리는 사고가 논리적인 목표 사고라면, 우발적인 것을 기꺼이 받아들이는 것은 '프로세스 사고'다.

뜻밖의 결과를 내려면 혼돈을 겪을 필요가 있다. 혼돈 상태는 방향성을 규정하지 않고 우발적인 관계를 형성하므로 예상치 못한 결과가 나올 가능성이 있다. 과거의 영광에 안주하지 않으려면 혼돈에 뛰어들고 우발적인 것을 즐길 필요가 있다.

💬 우발이 창발로 이어진다

'창발(創發)'이라는 단어를 들어본 적이 있을 것이다. 전체가 부분의 합을 넘어서서, 개개의 성질로 예측할 수 없는 새로운 것이 생겨나는 현상이다.

유전자, 낱낱의 정보와 달리 게놈(유전자 집합체)은 예상치 못한 형질을 발현한다. 왜 그런지 이유도 알 수 없다.

마찬가지로 회의에서도 개인의 단순한 집합을 뛰어넘는 결과가 나올 수 있다. 그렇기 때문에 이유를 알 수 없는, 우발적인 것을 환영하는 자세가 중요하다.

〈도표 01〉 새로운 시대의 조직도와 기존 조직도의 차이

[새로운 시대의 조직도]

조직력 = 가치와 신뢰를 지속하는 힘
방향 전환과 수정이 쉽다

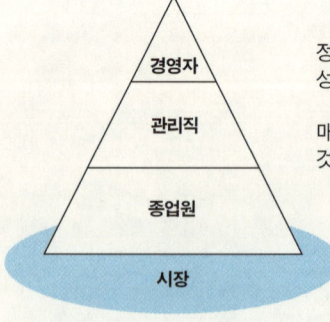

조직의 이념이 모든 축이 되고
시스템과 수행력에 의의를 부여한다

누구나 동일한 품질로 조직 가치와
신뢰를 구축하는 시스템을 가진다

조직 가치와 신뢰를 높이기 위해
구체적인 행동을 수행한다

[지금까지의 조직도]

조직력 = 매출과 규모
방향 전환과 수정이 어렵다

정해진 시장에서 조직 규모를 크게
성장시키는 것 = 목표 사고의 조직도

매출을 높이고 종업원 수가 늘어나는
것이 조직 성장의 증거다

규모에서 지속성으로! 조직의 모습이 변화하고 있다

# 조직이 주는 보상은
월급이 전부가 아니다

💬 지루한 회의 vs. 구조로서 회의

어느 의뢰인의 회의에서 참석자 전원이 입을 꾹 다문 채 발밑만 보고 있는 장면을 본 적이 있다. 상사라는 심문관을 앞에 두고 발뺌하지 못해서 고개를 숙인 마치 죄인 같은 모습이었다. 적극적인 자세로 판단하는 좋은 긴장감은 없고 오로지 '이 순간만 참으면 이번에도 어떻게든 끝이 난다'며 고행하는 모습이었다.

또 다른 프로젝트 회의에서는 프로젝트 추진에 부정적 의견만 모아 자료를 배부하는 모습을 봤다. 대책 방안을 강구하려고 모인 회의였지만 "A가 나쁘다", "B의 책임이다"라며 서로 상대 부서만 탓하고 회의는 끝났다.

두 사례에서 회의는 지루했다. 보고와 자료 발표만 계속되고 상사의 상투적인 말로 끝나는 회의도 지루하지만, 사고가 닫혀 있고 집단의 힘이 발휘되지 않는 회의도 지루하다. 시간도 말도 돈도 에너지도 죽어 있다.

회의는 조직의 기능 중 하나이며, 그 자체가 '구조'다.

'누가 무엇을 말했는가'가 아니라 '우리가 무엇을 발상하고 검토했는가'가 중요하다. '누구의 의견이 방해되는가'가 아니라 '다른 관점에서 검토할 수 있는가'가 중요하다. 개인이 아닌 집단이 조직의 이익에 공헌하려는 시스템이 회의다.

💬 조직의 보상

조직은 세 가지 보상을 준다. 급여라는 금전만이 보상의 전부가 아니다. 조직에 귀속되어 존재를 인정받는 안도감도 보상이다. 자신이 성장하는 도전을 받는 것도 보상이다.

안도감과 도전이라는 보상은 어떻게 건전한 회의를 운영하는지 힌트를 준다. 재미없는 회의에는 없고 의미 있는 회의에는 있는 것이 안도감이고 도전이다.

만약 회의에서 적극적인 판단과 행동을 유도하기 위해 무언가를 하고 싶다면 발언, 판단, 행동이 적극적으로 바뀔 수 있도록 안도감과 도전의 토대를 마련해야 한다.

〈도표 02〉 일하고 얻는 세 가지 보상

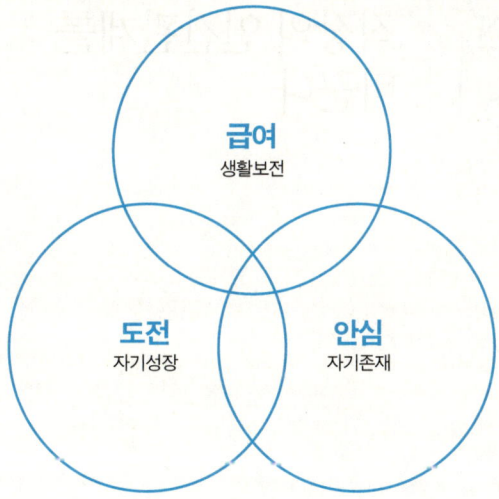

조직이 주는 보상은 금전만이 아니다

# 회의는 직장의 인간관계를 바꾼다

💬 대화가 인간관계를 만든다

집단은 서로 대화하면서 정답을 도출하고 도박성을 낮추어 행동에 옮긴다. 행동 결과를 회의에 피드백해서 개선하고 다시 행동으로 이어간다. 이 선순환이 성과를 이끌어낸다.

이 흐름에 항상 존재하는 것, 바로 '사람'이다.

숫자로 나타나는 조직의 문제와 과제도 결국 귀착점은 사람이다. 문제는 모두 사람에게 있고 도전의 성공 여부를 쥐고 있는 것도 사람 외에 없다.

사람이 힘을 발휘하려면 업무 현장에서 신뢰와 존중의 기반을 구축해야 한다. 추상적으로 하는 이야기가 아니라 신뢰와 존중을 시스템으로 만들라는 것이다.

매회 미리 정한 사람이 발언을 하고 상사가 '좋다' '나쁘다'를 채점하는 회의에서는 서로의 능력을 인정하기 어렵다. 나는 회의에서 발상이 필요할 때 적어내는 방식을 권장한다. 메모지(포스트잇)나 회의용 시트에 적어서 의견을 내는 '브레인라이팅(brain-wrighting)'을 이용하면 평소 발언을 적게 하는 사람과 신입사원처럼 입김이 약한 사람의 의견과 아이디어를 쉽게 모을 수 있다.

적어낸 것을 공유하면 '아, 이런 생각도 있구나', '생각도 못했네', '같은 관점을 가지고 있었군' 하며 자연스럽게 서로를 인정할 수 있다.

💬 시스템을 만든다

사회심리학의 아버지라고 불리는 쿠르트 레빈(Kurt Lewin)은 인간 행동의 공식을 제시한다. 나는 이것을 참고해서 다음과 같이 단순한 표현으로 고객과 공유한다.

$$개인의\ 행동 = 개인의\ 특성 \times 환경$$

개인의 행동을 바꾸고 싶을 때 사람들이나 팀은 대부분 개인의 특성으로만 접근한다. 그러나 사실은 환경부터 바꾸면 심리적으로도 부담이 적고 행동 변화가 빨리 나타난다.

여기서 환경이란 시스템이다. 회의할 때 '사고 체험'을 공유하면 서로를 인정하고 자연스럽게 신뢰를 쌓을 수 있다. 이것이 성과를 내는 회의의 또 다른 측면이다.

💬 대립 구도는 조직의 이익에 반한다

회의에 참석한 멤버는 서로 가치관이 다르다. 만약 회의가 의논하는 장이 되면, 다양성을 활용하는 게 아니라 차이가 쟁점이 되어 대립한다. 대립 구도가 생기면 조직의 이익에 공헌한다는 원래 목적에 집중할 수 없다. 대립을 하면 에너지가 분산될 뿐만 아니라 집중해야 할 것에 주력할 수 없어 결국 회의의 생산성이 급격히 떨어진다.

회의를 대립에서 대화로 바꾸어보자. 대화의 목적은 '옳고 그름'이 아니라 '조화'다. 혼자서는 도달할 수 없는 목표를 향해 다같이 가는 것이야말로 집단의 가치다.

인지행동치료 연구가인 데이비드 번스(David Burns)는 효과적인 커뮤니케이션 비결을 다섯 개로 정리한다(다음 페이지 참조). 회의를 대립에서 대화로 변화하는 데 사용해 보자.

〈도표 03〉 번스의 커뮤니케이션 비결 5

비결 1. 무장해제하라

상대의 발언이 완전히 틀리다, 불합리하다, 불공평하다고 확신하더라도 상대가 말하는 것 중에서 어떠한 진실을 찾아내는 것.

비결 2. 두 개의 공감

자기 자신을 상대의 입장에 놓고 그 사람의 눈으로 세상을 보려는 것
- 사고의 공감 : 상대의 말을 바꿔 말하라.
- 감정의 공감 : 상대가 어떤 기분인지 이해하라.

비결 3. 차분하게 질문하라

상대가 무엇을 생각하는지, 무엇을 느끼는지 이해하기 위해 객관적이고 차분하게 질문을 하는 것

비결 4. 자신을 주어로 하라

'당신은'이라고 하지 않고 '나는'이라고 하는 것

비결 5. 존중하라

의논이 한창 격렬할 때라도 상대에게 예의를 지키는 것

 38개 프레임워크로
회의를 바꾼다

💬 사고의 틀이 필요하다

새로운 것을 만들어내고, 어떤 환경 변화에도 대응하는 조직으로 계속 살아남기 위해 지금까지 서술한 것을 정리하면 회의에서는 두 가지가 중요하다.

정답이 없는 것에 도전한다 = 실패를 받아들인다
과거의 정답에서 벗어난다 = 우발적인 것을 받아들인다

'중요한 점은 알겠다. 그렇다면 회의를 어떻게 진행해야 하는가?' 하는 질문이 이어서 떠오를 것이다. 이때 필요한 것이 이 책에서 소개하는 38개 프레임워크다. 프레임워크란 '사고의 틀'이다.

새하얀 종이에 자기 자신에 대해 자유롭게 써보라고 하는 것보다 약간 제약을 줘서 종이 가운데 세로선을 긋고 왼쪽에 좋아하는 것, 오른쪽에 싫어하는 것을 써보라고 할 때가 더 쓰기 쉽다. 이와 같이 '제약(= 틀)'이 있으면 누락이나 중복 없이 생각할 수 있고 적어내는 양이 늘어나며, 다른 사람의 의견과 대조하거나 비교하기 쉽다. 프레임워크는 이러한 효과가 있다.

💬 대화 프로세스를 디자인한다

회의에서 프레임워크를 사용하는 것은 '공감 언어'를 가지는 것이기도 하다. '이 테두리 안에서 생각하자', '이 틀로 발상을 검토하자', '이 프레임워크로 정보를 정리하자'는 공감의 대화 형태로 활용할 수 있다.

공감 언어로 활용하는 틀만 있어도 그 발언의 배경과 발상의 계기 등 공감하는 정보의 양이 늘어나고 서로의 차이를 받아들이기가 쉽다.

목적에 따라 다양한 프레임워크를 구성해서 '대화를 디자인'하면 정답이 없는 것에 도전하고 우발적인 것을 기꺼이 받아들일 수 있다.

💬 집단적으로 접근하라

회의에서 '새로운 발상'이 필요하다고 해도 개인의 머릿속까지 들여다볼 수는 없다. 개별적으로 발언한 발상과 아이디어에 우열을 매겨 선택하는 방식은 '개인적으로 접근하는 방식'이다. 의견의 활성화, 의논, 대화의 교류를 개인 차원에서 접근하는 것이 반드시 최선은 아니다. 참석자 중에 자질이 좋은 사람이 있으면 회의를 잘 진행할 수 있지만, 집단의 발상을 향상시킬 순 없다.

그러나 프레임워크를 사용하면 개인의 자질을 활용해서 집단의 발상과 생각이 발전할 수 있다. 구조적으로 개별 사고의 족적이 모여서 쉽게 집단 사고로 발전하기 때문이다.

38개 프레임워크를 사용해서 개인이 아니라 집단적인 대화 방식으로 회의 구조를 바꾸자.

2장

원활한 회의의
절대 규칙

회의를 원활히 진행하는 토대를 만드는 게 중요하다.
정보를 모으고 살리는 회의 구조를 만들자.

분위기의 토대가 되는 '5 그라운드 룰'

💬 다름을 활용하는 '5 그라운드 룰'

1장에서 살펴보았듯이 회의는 의논이나 대립의 장이 아니다. 다름을 활용하는 대화의 장이다. '다름'을 활용하려면 안심, 신뢰, 존중하는 환경과 토대를 만드는 것이 중요하다.

모든 대화 현장에 존중 사이클 '5 그라운드 룰'을 구축해서 철저히 적용하자. 5 그라운드 룰은 ❶ 칭찬한다 ❷ 듣는다 ❸ 받아들인다 ❹ 기다린다 ❺ 즐긴다의 다섯 가지다.

💬 룰 1. 칭찬한다

칭찬한다는 것은 서로를 인정하는 것이다.

예를 들면, 책상과 의자를 옮겨서 회의 장소를 준비한 사람에게 "고마워" 하고 말한다. 상대가 어떤 발언을 했을 때 "대단한데!" 하며 자신은 그 점을 놓쳤다고 말한다.

'여기에 있어서 좋다'고 자신의 존재를 인정받는 느낌을 받으면 안도감으로 이어진다.

안심할 때 적극적으로 참여할 수 있고 도전의식이 생긴다. 회의에서 하는 발언도 일종의 도전이기 때문에 안심할 수 있을 때 왕성해진다. 발언이 왕성하면 정보량이 압도적으로 늘어난다. 그러므로 서로 칭찬하자.

〈도표 04〉 칭찬이 안도감으로 이어진다

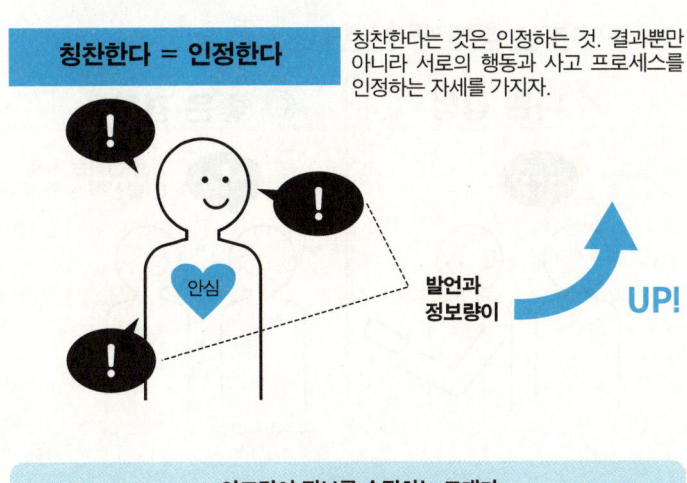

안도감이 정보를 수집하는 토대다

룰 2. 듣는다

경청의 중요성을 들어본 적 있을 것이다. 듣는 것은 수신 행위가 아니다. '당신의 이야기를 듣고 있습니다' 하는 것이 상대에게 전해져야 비로소 성립하는 '발신' 행위다. 그러므로 발신자가 되어 들어야 한다. 상대의 말에 수긍하거나 말하는 사람에게 몸을 기울이는 등 '듣고 있다'는 것을 전달하려고 노력해야 한다.

화자가 자신의 이야기를 잘 듣고 있다는 메시지를 받으면 '나를 정중하게 대하고 있다', '나는 존중받고 있다'고 느낄 것이다. 자신을 중요한 존재로 인정하는 곳에서는 힘을 충분히 발휘하고 프로젝트에 공헌하겠다는 마음으로 임할 수 있다.

〈도표 05〉 '듣는다'는 존중의 마음을 전한다

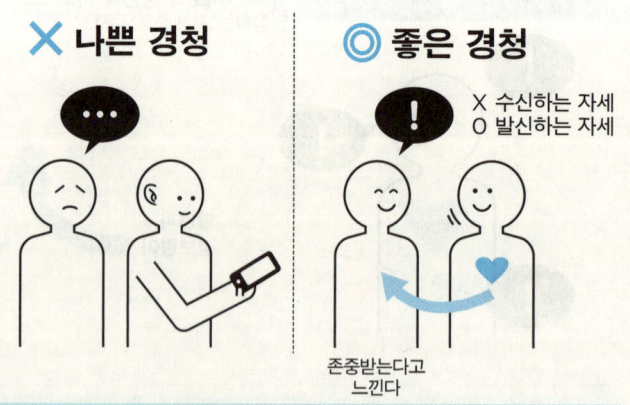

경청은 발신자가 되어 듣는 것

〈도표 06〉 '받아들이기'를 계속한다

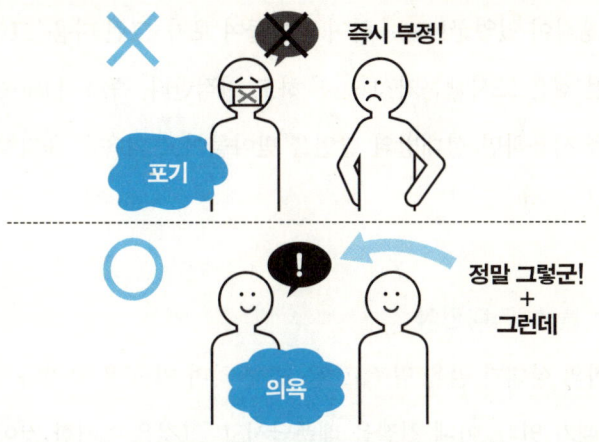

💬 룰 3. 받아들인다

회의에서 아이디어를 내거나 의견을 말하자마자 "다른 것은 없나?", "그것은 힘들다", "바보 아니야" 등 즉시 부정당한 적이 없는가? 부정당한 적이 있다면 부정한 적도 있을 것이다. 어떤 의견이라도 즉시 부정은 멈추고 상대의 발언을 받아들여 보자.

즉시 부정이 계속되면 참가자는 '이 회의에서는 무엇을 말해도 소용없다'고 생각해서 입을 닫고 '월급만큼만 일하면 되지' 하며 일에 대한 참여도를 낮춘다. 나아가 모든 것이 쓸데없다고 포기한다. 이것을 '학습된 무기력'이라고 한다.

즉시 부정하는 대신에 상대의 의견을 "정말 그렇군!(Yes!)", "그런 생각이 있었군!(Yes!)" 하며 받아들여 보자. 그런 다음 "그러면 이런 점은 조사했는가?(but…)" 하고 지적한다. 즉, Yes! but… 어법을 사용하면 상대방의 발언을 받아들이고 의욕을 유지할 수 있다.

룰 4. 기다린다

대화의 상대가 말을 멈추고 '음……' 하며 먼 곳을 보거나 침묵할 때가 있다. 이때 친절을 베푼답시고 "그것은 이러한 것이 아

〈도표 07〉 '기다린다'는 서로를 성장시킨다

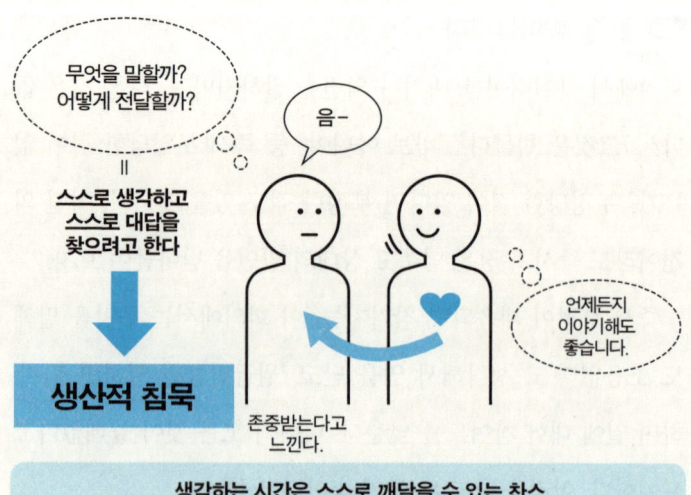

닌가요?" 하고 끼어들지 말자. 기다린다는 의미는 그런 것이다.

"음……"이라고 할 때 상대는 생각하는 중이다. '어떻게 이야기해야 전달될까?' '애초에 어떤 이야기였지?' '무엇을 말하고 싶은 거지?' 등 스스로 생각하고 답을 찾는 사고 훈련 시간이기도 하다. 나는 이것을 '생산적 침묵'이라고 부른다.

상대는 자신 때문에 듣는 사람이 기다리고 있다는 것을 안다. 이때 기다려주면 '나를 정중히 대해주는구나' 하고 느낀다. 상호 신뢰와 존중의 관계로 발전하는 것이다.

룰 5. 즐긴다

마지막 룰은 '즐긴다'다. 이것은 쾌락을 추구한다는 의미가 아

〈도표 08〉 즐길 때 지속하는 힘이 생긴다

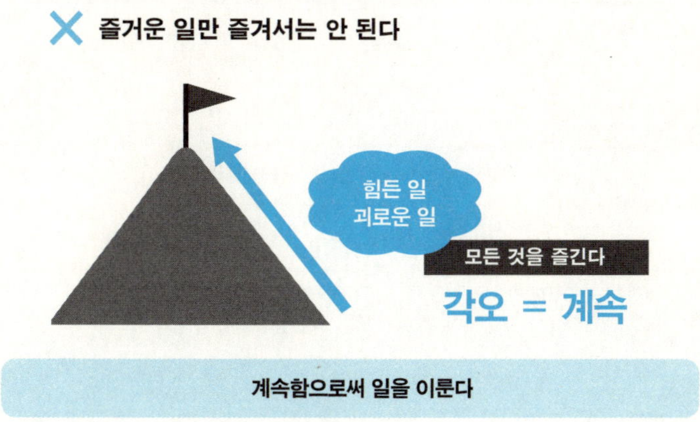

✗ 즐거운 일만 즐겨서는 안 된다

힘든 일
괴로운 일

모든 것을 즐긴다

각오 = 계속

계속함으로써 일을 이룬다

니다. 힘든 일을 전혀 하지 않는다는 것도 아니다.

자전거를 탈 줄 모르는 사람이 자전거를 타고 싶으면 연습을 해야 한다. 연습하려면 시간이 많이 걸리고 넘어지기라도 하면 아프다. 어떤 일을 완수하려고 목적을 향해 한발 한발 내딛을 때 힘든 일과 괴로운 일이 일어나는 것은 당연하다.

힘든 일조차 즐길 각오가 필요하다. 왜냐하면 목표를 실현하는 데 가장 중요한 요소가 '계속하는 것'이기 때문이다. 모든 것을 즐기는 자세에서 지속하는 힘이 나온다. 미래를 개척하기 위해서는 힘든 일과 괴로운 일을 모두 즐긴다는 각오로 임하자.

5 그라운드 룰을 그저 말로만 받아들이면 '아, 그렇지' 하고 끝나버릴지도 모른다. 회의의 토대가 되는 중요한 룰이므로 말의 의도를 파악하고 실천하여 깊이 이해하자.

'공정하게'의 의미를 명확히 하라

💬 **공정성이 좋은 대화를 만든다**

좋은 분위기로 회의하려면 말하는 사람과 듣는 사람이 서로에게 존중이라는 보상을 주는 것이 중요하다.

앞서 소개한 '5 그라운드 룰'은 존중의 토대를 만드는 룰이다. 존중은 안도감과 신뢰를 포함한다. 말하기 쉽고 듣기 쉬운 커뮤니케이션은 의욕을 고취하고 적극적인 자세를 유지하게 한다. 그 때문에 회의에서 대화할 때 공정성이 필요하다.

그렇다면 '공정성'이란 무엇일까? 공정성과 혼동하기 쉬운 말이 '평등'이다. 이 두 말을 그림으로 비교하면 차이를 알기 쉽다.

〈도표 09〉와 같이 회의에서 "누구라도 자유롭게 발언하라"고

요구받는 상황은 키 차이를 고려하지 않고 높이가 같은 발판을 나누어주는 것과 같다.

키가 가장 작은, 즉 목소리가 작고 내성적인 신입사원은 기회를 주어도 발언하지 못한다. 매번 목소리가 크고 직위가 높은 사람의 눈치를 보는 회의 구조에서는 발언과 의견을 모으기 힘들다.

💬 말하기 어려운 상황을 불식하라

회의에 참가하는 사람들의 영향력과 직위의 차가 〈도표 09〉와 같이 키 차이라고 한다면, 키에 맞게 발판을 나눠주어 키 차이를 최소화하는 것이 공정성이다. 이것은 다음 두 가지 규칙으로 실현할 수 있다. 어느 하나만 해서는 안 되고 둘 다 해야 효과가 나타나므로 반드시 전부 실행하기 바란다.

❶ 불리고 싶은 이름으로 이름표를 붙인다.
❷ 참가 멤버에서 결재자를 제외한다.

'❷ 참가 멤버에서 결재자를 제외한다'는 말 그대로이므로 쉽게 이해할 것이다. 즉, 결재자가 없으면 눈치를 보지 않고 발언할 수 있고 숨겨두고 싶은 정보도 모으기가 쉽다. 결재자에게는

〈도표 09〉 공정과 평등의 차이

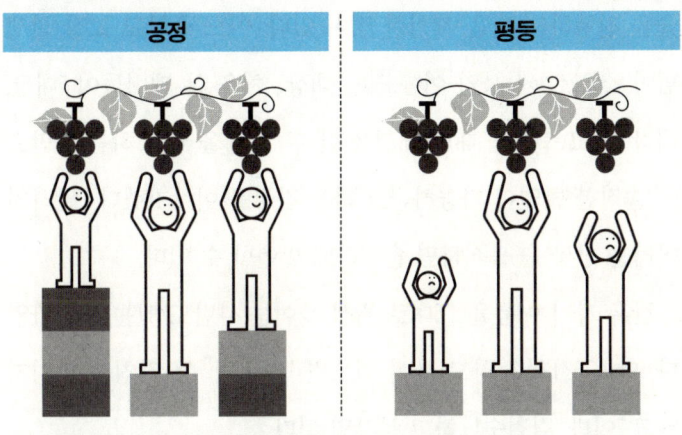

서로 다른 사람이 보였을 때 평등보나 공정을 의식한다

나중에 따로 프레젠테이션을 하고 결재를 요청한다.

'❶ 불리고 싶은 이름으로 이름표를 붙인다'는 '이름을 이용한 마인드세트(각오)'가 목적이다. 회의에는 '직위를 넘은 존재'로서 참가한다.

하루에 끝나는 세미나든, 1년 이상 계속되는 프로젝트든 꼭 '불리고 싶은 이름'을 붙인다. 회의가 있을 때나 없을 때나, 메일을 보낼 때도 서두에 '불리고 싶은 이름'을 계속 쓴다.

이름표를 붙이는 것만으로도 서로 동등한 입장이 되어 상대의 직위를 의식하지 않고 솔직하게 발언하는 토대가 형성된다.

언젠가 여러 학교 관계자가 모여서 액티브 러닝, 즉 토론 학습을 진행하는 법을 체험한 적이 있다. 어느 중학교 교장 선생님이 스스로 써 붙인 이름표는 '대장'. 처음 본 멤버들이 "대장, 대장" 하고 부르는 대화 체험을 한 후 "호칭을 달리 하는 것만으로 솔직한 발언이 가능하군요"라는 감상을 이야기했다. '말하기 어려운 상황'을 불식하면 솔직하게 발언할 수 있다.

간혹 자기 이름을 그대로 써서 붙이는 사람도 있는데 상관없다. 단지 '김철수'라고 쓰여 있으면 '씨', '님' 등 경칭을 붙이지 않고 "이봐, 김철수!" 하고 부르면 된다.

시간이 긴 세미나와 프로젝트를 진행하다 보면 도중에 "이름을 바꿔도 됩니까?" 하면서 변경하는 일이 잦다. 처음에는 대충 자기 이름을 사용하다가 다른 참석자들과 함께 서로 다른 이름을 부르다 보면 '내 이름을 쓰는 건 어쩐지 별론데' 하고 느껴 바꾸고 싶은 것이다.

회의에서 사용하는 호칭은 어떤 자세로, 어떤 인간으로서 회의에 임하겠다는 선언이다.

 # 3인 1팀을
의식하라

💬 참석자 수를 조정하여 주체성을 끌어낸다

일반적으로 집단을 형성하면 책임감이 희박해진다. 어떤 문제가 생겼을 때 '내 탓이 아니다', '모두 함께 한 일이다', '문제로 생각하지 않았다'라는 식으로 책임 소재가 애매해지고 만다.

마찬가지로 회의도 참석자 수가 많으면 적극적으로 발언하고 의견을 내는 데 책임을 느끼는 사람이 오히려 적어진다.

주체성을 가지고 회의에 참가하기를 바란다면 자발적인 행동이 늘어나도록 참석자 수를 조정할 필요가 있다. 참석자 수를 편성하는 것도 회의의 결과를 내는 중요한 '토대'다.

회의 참석자 수가 많다면 정보의 수집과 발상, 확산과 수렴, 집약 등 각 경우에 필요한 사고 작업에 맞춰 소회의로 나눈다.

정보 수집이 목적이면 두 명도 좋지만, 새로운 것을 발상하거나 콘셉트 등 방향성을 정할 때에는 3인 1팀을 추천한다.

두 명과 네 명은 서로 대립하기 쉽고, 다섯 명은 방관하는 시간이 생기기 쉽다. 아이디어를 내고 의견을 말하기보다 '누군가 좋은 의견을 내지 않을까' 생각하며 주체성이 낮아진다.

세 명은 아이디어와 의견을 낼 때 서로 책임을 느끼고 의견을 듣기 때문에, 서로의 의견을 조화시키며 대화를 나눌 가능성이 높다.

 ## '한 번에 한 가지'를 철저히 지킨다

🗨 한 번에 한 가지

회의뿐만 아니라 대화하는 모든 현장에서 '한 번에 한 가지'를 철저히 지키자.

발상할 때에는 발상한다. 검토할 때에는 검토한다. 이와 같이 '지금 무엇을 하는가'라는 의식과 사고를 집중할 때 '한 번에 한 가지'를 철저히 하면 아이디어의 양이 늘어나거나 서로의 의견을 비교하기 쉬우며 효율적인 대화의 토대를 만들 수 있다.

다음은 회의에서 아이디어를 내고 수집한 정보를 유효하게 다루어야 할 때 지켜야 하는 사항이다.

💬 자신의 머릿속 재판관을 입 다물게 하라

첫째는 자신의 머릿속에 있는 재판관을 입 다물게 하는 것이다. 발상할 때는 발상만 하기 위해서 지켜야 할 사항이다. 이 재판관은 우리가 하는 것, 말하는 것을 하나하나 체크하고 어떤 일이 일어나기 전에 그만두게 하거나 충동을 억제한다.

누구나 침묵하여 어려움을 모면한 경험이 있을 것이다. '말하지 않아서 다행이다~'라고 느끼는 것이다. 이 경우는 재판관이 좋게 작용한 것이지만 회의와 대화에서는 좋지 않게 작용할 수 있으므로 주의해야 한다.

예를 들면 발상할 때 '이것으로 괜찮을까', '맞는 걸까', '틀린 게 아닐까', '얘기하면 비웃지 않을까', '바보 같다' 등 머릿속의 재판관에게 확인받고 있지 않는가?

이런 자세로는 아이디어가 충분히 나오지 않는다. 재판관은 암묵적으로 '무난함'을 기준으로 판단하기 때문에 생각하는 틀 자체를 작게 만든다. '검토는 나중에 천천히 해도 되니 안심하세요' 하고 머릿속에 있는 재판관을 조용히 시키자.

이것이 아이디어의 양을 늘리고 아이디어를 내는 틀을 키우는 비결이다.

💬 한 장에 한 가지를 지켜라

둘째는 한 장에 한 가지다. 메모지에 발상을 적어낼 때와 자신의 의견을 정리할 때 철저히 지킨다. 메모지 한 장에 하나의 아이디어, 하나의 의견을 써내자.

세 개의 아이디어가 떠올랐다면 각 아이디어를 적을 메모지 석 장이 필요하고, 두 개의 의견이 있는 사람은 두 장의 메모지가 필요하다. 의견을 공유할 때는 멤버 전원이 써낸 메모지를 붙여놓고 같이 바라본다. 그리고 한 사람씩 왜 그런 생각을 했는지, 어떤 생각으로 쓴 것인지 메모지에 미처 적지 못한 정보를 공유한다.

그러면 매우 자연스럽게 '조합하면 재미있겠는데', '반대 의견이지만 동일한 관점이야' 등 서로의 발상과 의견을 조합하여 전혀 새로운 발상으로 이어질 수 있다. 이 과정에서 멤버들이 중요시하는 최대공약수가 부상하는 일도 자주 있다. 이처럼 발상을 쉽게 조합하고 공통 개념을 깊이 이해하려면 '한 장에 한 가지'가 중요하다.

발상, 확산의 단계에서 '한 번에 한 가지'라는 원칙이 필요한 것은 최종적으로 공유하기 쉽고, '집단 지성의 강화'를 위해서다. 발상과 아이디어를 잘 활용하려면 아웃풋을 다루기 쉬워야 한다는 게 포인트다. '한 장에 한 가지'를 지키자.

💬 사고의 층을 맞추어라

셋째는 '사고의 층'을 의식해서 하나로 맞추는 것이다. 예를 들면 고객의 니즈(needs)가 토의 주제라고 하자. 회의는 각자의 발언을 적거나 아이디어를 적은 메모지를 화이트보드에 붙이는 식으로 진행한다.

그러나 회의 참석자에게 '고객의 니즈'는 공통적인 주제이긴 하지만 해석은 각자 다양하다. 상품 활용에 관한 것인지, 문제점 개선에 관한 것인지 '발상의 조건'이 불명확하다. 그렇게 되면 비교 검토가 어려우므로 정보를 수집할 때에는 사고의 층을 맞춰야 한다.

고객의 니즈를 주제로 다음과 같은 질문에 한 번에 한 가지를 철저히 지켜 정보를 모아간다.

- 고객의 불만은 무엇인가?
- 고객이 부족하게 느끼는 것은 무엇인가?
- 고객이 불안하게 느끼는 것은 무엇인가?
- 고객이 필요하다고 생각하는 것은 무엇인가?

이와 같이 '고객의 니즈'라는 큰 틀이 아니라 불만, 부족, 불안, 희망과 같은 구체적인 요소 중 어디에 사고를 집중하면 좋을까 생각한다. 이렇게 '사고의 층'을 하나로 좁혀야 정보를 모으기가 쉽다. 또 모아놓은 정보의 층을 맞추었기 때문에 비교 검토하기 쉽고, 회의를 다음 단계로 진행하는 것도 문제없다.

'한 번에 한 가지' 원칙은 개인의 발상뿐만 아니라 집단의 합의도 원활하게 이끌어내는 데 기본이다.

 # 사고의 흔적을 남긴다

💬 **회의 스타일을 다시 생각하라**

많은 사람이 회의를 할 때 화이트보드와 프로젝터, 인쇄물 자료를 이용한다. 이런 스타일의 회의는 '보고'가 목적이라면 문제가 되지 않는다.

문제는 회의의 목적이 바뀌어도 그 방식을 재검토하지 않는 것이다. 예를 들어 신규 사업 개발과 같은, 지금까지와는 다른 관점의 새로운 사고가 필요한 회의라면 스타일 자체를 바꿔야 한다.

왜냐하면 그곳에서 발휘할 능력의 요건이 다르기 때문이다.

대부분 진행자가 아이디어를 요구하고 참석자가 아이디어를 발언한다. 그것을 판단하고 나아가 상세 내용을 질문하고 응답하다 보면 점차 무엇을 이야기하고 있는지 애매해지고 만다. 거기에 돌발적으로 다른 관점의 이야기가 나오면 또 어떠한 계기로 결정 방향이 바뀌어간다.

화이트보드에는 결정 사항이 남고 회의가 끝나면 화이트보드에 남은 결정은 흔적 없이 지워진다. 참가자의 손에 남은 건 개인적인 메모뿐이다.

이와 같은 풍경을 회의라고 생각하는가?

성과를 내는 회의에서는 정답이 없다는 것을 전제로 멤버들이 대화의 힘으로 상황을 타개하며, 자신들만의 정답을 만들어내는 과정(=프로세스) 그 자체가 시스템으로서 기능한다.

회의에서 결정한 내용을 실제로 행동에 옮긴다. 그리고 그것을 다시 회의에 보고하여 조정과 수정, 재검토를 거친다. 그리고 또 실천한다. 그런 과정을 반복할 때 자신만의 정답이 만들어지는 것이다.

이러한 가설과 행동의 '반복'이 쉽게 이루어지는 것, 즉 행동의 결과로 가설을 재검토하는 과정이 쉽게 반복되는 구조가 회의에는 필요하다.

💬 사고의 흔적을 남기는 3가지

'되돌아오기 쉽다'는 것은 앞서 나아가더라도 어디로 돌아가면 되는지 알고 있다는 의미다.

예를 들어 처음 간 산길에 갈림길이 나오면 자신이 선택한 방향에 표식을 남긴다. 뒤따라 온 사람에게도 어느 쪽을 선택했는지 알려주면 자신이 온 길에 빨리 도달할 수 있기 때문이다.

회의에서 전개되는 대화도 마찬가지로 어디에서 무엇을 선택했는지, 무엇을 판단했는지, 무엇이 기준인지 작은 선택의 흔적을 남겨야 한다.

내가 사고의 흔적을 남기기 위해 회의에서 철저히 지키는 것은 다음 세 가지다.

❶ 프레임워크를 공통 언어로 한다.
❷ 한 가지에 집중하는 분위기를 만든다.
❸ 모든 정보를 생명체로 다룬다.

우리는 회의에서 토의 안건, 아이디어, 참석자 등 눈에 쉽게 띄는 것에 주력한다. 그러나 사실은 눈에 보이지 않는 이 세 가지를 정비하는 '대화의 토대 만들기'가 성과를 내는 회의에는 가장 필요하다.

 양과 질은
비례한다

💬 위인들의 공통점

세계에서 가장 유명한 '모나리자'를 그린 레오나르도 다빈치. 축음기와 전등을 개발하여 발명왕으로서 이름 높인 토머스 에디슨. '우는 여자', '게르니카'로 알려지고 평생에 걸쳐 작풍을 변화시킨 화가 파블로 피카소.

이 세 명의 공통점은 무엇일까?

다빈치는 이탈리아 르네상스기에 회화, 조각, 건축뿐만 아니라 해부학, 과학, 공학, 수학 등 여러 분야에서 업적을 남겼다. 많은 데생과 드로잉이 담긴 다빈치의 원고는 1만 3,000페이지에 이르며 다빈치의 폭넓은 호기심과 창의성이 잘 드러나 있다고 한다.

에디슨은 미국의 발명가다. 평생에 걸쳐 축음기와 활동사진(영화기술) 등 약 1,300건의 발명을 했다. 에디슨은 500만 장 이상의 메모와 기록을 남겼다고 한다.

피카소는 스페인에서 태어나 프랑스에서 활동한 예술가다. 회화뿐만 아니라 조각, 도기, 판화, 책의 삽화 등 합쳐서 약 15만 점의 작품을 남겼다.

살았던 시대도 장소도 다른 세 명이지만, 작품 수, 분야, 노트와 메모 수에서 압도적인 양을 자랑한다는 것이 공통점이다.

💬 질보다 양이다

회의와 협의, 혼자 기획할 때, 발상을 하거나 아이디어를 낼 때 우리는 '양보다 질'을 우선 생각한다. 무의식적으로 정답, 오답을 나누는 O✕ 사고에 익숙해 필요 없는 제약을 받는다.

앞에서 말한 세 명의 위인들 예에서 알 수 있듯이 양보다 질이 아니라 '질보다 양'이다. 우선 양을 중시하는 쪽이 압도적으로 질이 높은 것을 만들어낸다. 양과 질은 비례한다.

회의에서도 '양'이 효과를 낼 때가 있다. 발상확산의 단계는 특히 그러하다. 아이디어를 많이 내는 것을 우선 생각하고 그것을 실천하는 회의의 토대를 만들자.

〈도표 10〉 양과 질은 비례 관계

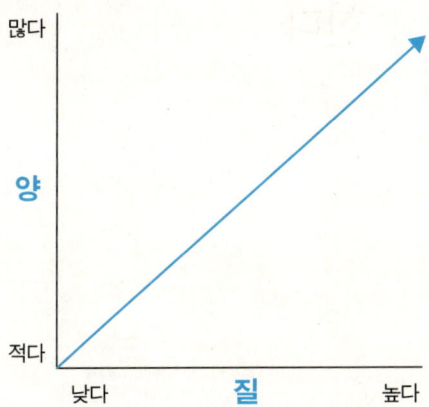

양이 먼저이며 거기에서 질 높은 의견을 발견할 수 있다

브레인라이팅을 한다

💬 브레인스토밍의 한계

회의나 미팅에서 많은 아이디어와 다양한 의견이 필요할 때 브레인스토밍을 한다. 브레인스토밍은 광고 회사의 프로듀서였던 알렉스 오즈번이 제창한 기법으로 다음 네 가지 원칙을 지켜서 발언을 활성화하는 방법이다.

❶ 질보다 양(go for quantity)
❷ 비판 금지(Withhold criticism)
❸ 자유분방한 아이디어 환영(Welcome wild ideas)
❹ 아이디어 접목이나 업그레이드(Combine and improve ideas)

이 원칙은 다 중요하지만 브레인스토밍이 모든 회의 현장에서 유효한 방법은 아니다. 우수한 진행자가 있는 현장이 아니면 적용하기 어렵다.

아이디어를 발언하려면 용기가 필요하고 소극적인 사람은 발언 기회를 주어도 행동으로 옮기지 못한다. 브레인스토밍, 즉 강제 확산(발상확산을 촉진하는 진행)으로는 발언 수가 늘지 않는다.

그러면 아이디어의 양을 늘리고 발언을 촉진하고 싶을 때는 어떻게 해야 할까?

💬 브레인라이팅을 추천

회의에서 사용하는 발상법으로 '브레인라이팅'을 추천한다. 새로운 사업 아이디어를 낼 때, 상품에 대한 이상적인 모습을 그릴 때, 가능성을 찾을 때, 고객이 어떤 사람일지 예상할 때, 발상을 넓히고 정보와 관점을 모아야 할 때 브레인라이팅이 효율적이다.

우선 테마를 설정한다. 예를 들면 '새로운 껌을 개발한다'와 '고객이 좋아하는 것'과 같이 생각할 테마 한 가지를 정한다.

그리고 그룹 멤버 한 명당 종이 한 장에 아이디어를 적는다.

이때 적어내는 작업에 시간제한을 둔다. 예를 들면 3분간 멤버 각자가 조용히 자신이 생각한 것을 적는다. 시간이 되면 자신의 왼쪽 옆 사람에게 종이를 돌린다. 다음 3분간 자신에게 돌

〈도표 11〉 브레인라이팅의 설명

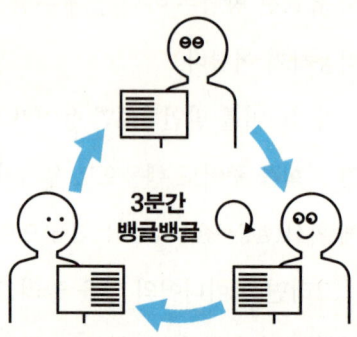

뱅글뱅글 돌아서 '팀의 아이디어'를 수집한다

아온 종이에 아이디어를 적어넣는다.

이 작업을 인원 수만큼 시계 방향으로 반복해서 돌린다. 참가자 수는 다섯 명이 적당하다. 다섯 명이 넘어가면 팀을 나눈다.

이와 같은 방식이면 비판 없이 누구나 발언할 수 있고 다른 사람의 아이디어를 활용할 수 있다. 나는 다음 두 가지 장치를 함께 실천하고 있다.

💬 두 가지 관점에서 아웃풋한다

첫 번째는 적어내는 관점이다. 브레인라이팅은 일반적으로 백지에 많은 내용을 적은 프레임워크로 진행하지만, 이렇게 되면 적어낸 정보를 공유할 때 복잡하다.

그래서 나는 적어내는 관점을 긍정적인 발상과 부정적인 발상 두 가지로 나누어 진행한다. 예를 들면 테마가 '새로운 껌을 개발한다'라면 '이런 껌이 있으면 좋겠다!'와 '이런 껌은 싫어!'라는 양극단의 두 가지 관점에서 아이디어를 내도록 한다.

발상의 틀을 깨기 위해 아이디어를 본격적으로 내기 전에는 '말도 안 돼!' 하고 느낄 만큼 극단적인 발상을 해본다.

'~라면 좋을 텐데(= 긍정)'의 예로는 껌을 씹어서 '살이 빠진다', '머리숱이 많아진다', '성적이 올라간다' 등이 있다. 긍정적인 발상이 끝나면 '싫다(= 부정적)'의 예도 고민한다. 이쪽도 '이런 껌 정말 싫어' 하고 생각하는 것을 적는다.

중요한 것은 긍정적인 발상을 먼저, 부정적인 발상은 나중에 한다는 것이다. 사람은 부정적인 것을 생각한 직후에 긍정적인 것을 생각하는 것에 서툴다. 아이디어의 양을 늘리기 위해서도 이 순서는 반드시 지켜야 한다.

또 하나 중요한 것은 '부정적인 발상 = 불필요한 발상'이 아니라는 점이다. 부정적인 발상이 새로운 가치를 만드는 계기가 되기도 하기 때문이다. 예를 들면 부정적인 발상에서 나온 비호감 껌이 '러시안 룰렛 껌'(신맛이 강한 껌이 섞여 있어서 친구끼리 복불복 게임을 할 수 있는 껌)과 같은 상품으로 이어질 수도 있다.

부정적인 발상에서 나온 아이디어도 긍정적인 발상과 동일하게 활용되는 정보로 공정하게 취급하자.

💬 용지는 세로축과 가로축을 정한다

두 번째는 아이디어를 적을 용지에 규칙을 정한다.

용지의 세로축, 가로축에 공통 규칙을 적용한다. 이렇게 하면 그룹은 서로의 발상을 활용하거나, 적어낸 후 팀과 그룹에서 공유하고 검토하기가 쉽다.

오리지널 브레인라이팅 시트

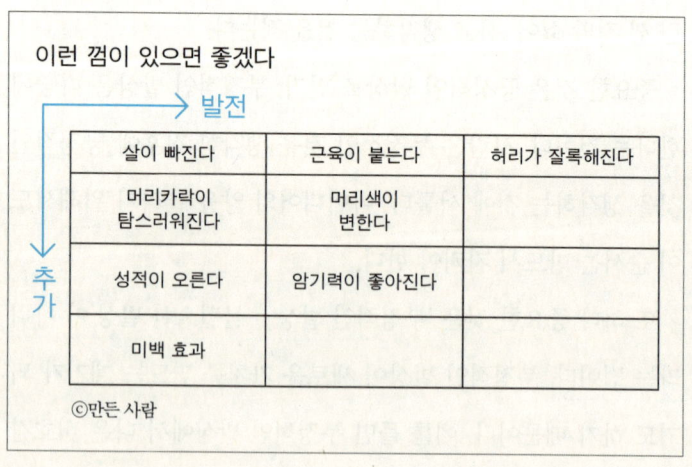

용지의 공통 규칙

세로축 = 신규 추가

가로축 = 발전시킨 아이디어

이와 같이 세로축에는 새로운 아이디어를 적고 가로축은 발전시킨 아이디어를 적는다.

이 용지를 사용하여 돌리면 다른 사람이 발상한 것을 보고 자극을 받아 새로운 발상을 할 수 있다.

아이디어와 발상은 재능이 아니다. 브레인라이팅 기법을 토대로 적어내는 방법을 정리하면 상상력을 발휘할 수 있다.

# 짧게, 여러 번 반복한다

💬 회의 참석자의 책임

'시간 낭비'라고 느끼거나 조는 사람이 많은 회의의 공통점은 다음과 같다.

- 사전에 정보를 공유하지 않는다.
- 참가자 수가 너무 많다.
- 자료 양식이 통일되어 있지 않다.
- 대화가 없다.
- 회의를 끝내는 것이 목표다.

이러한 상태라면 회의에 참가한 것만으로 참석자의 책임은 끝난다. 원래 '회의 참석자가 책임을 완수했다'는 것은 '대화하며 가설을 세운다', '대화하며 행동을 추진한다', '현상 결과를 되돌려 스피디하게 재검토한다'와 같은 의미다.

경영진과 리더는 회의 참석이 조직의 이익 공헌으로 이어지기 어려운 '시간 낭비'로 끝나면 어떻게 생각할까? '발상력이 없어서 곤란하다', '성실하지만 의견을 내지 않는다', '현상을 타개하고 싶지만 사내 해결만으로는 한계가 있다'는 식으로 생각할 것이다.

이런 때는 회의 시간 구성을 재검토하자. 포인트는 짧게 반복하는 것이다.

짧게 반복한다

예를 들면 발상이 필요한 한 시간 회의였다고 하자. 이때 한시간을 15분 3세트로 구성하고 58페이지에서 소개한 브레인라이팅을 팀별로 실시한다. 그 후에 전체의 발상과 아이디어를 고려해서 방향 설정을 검토한다.

준비 : 발상에 몰입하는 환경 조성

3분 : 팀 나누기
- 전체를 3인 1팀으로 나눈다.

3분 : 프레임워크 준비
- 브레인라이팅의 테마를 결정해서 프레임워크에 기재한다.

발상 : 단시간에 적어내는 환경 조성

15분 : 3분×5세트로 진행
- 긍정적인 테마 '이런 ○○○가 있으면 좋겠다'를 프레임워크에 적는다.
- 3분×3세트로 용지가 한 차례 돌면 눈앞의 용지를 3분간 확인한 뒤 의견을 추가하고, 다음 3분 동안 전원이 모든 용지를 돌려본다.

15분 : 3분×5세트로 진행
- 부정적인 테마 '이런 ○○○는 별로다'를 프레임워크에 적어낸다. 위와 동일하게 진행.

15분 : 3분×5세트로 진행
- 긍정적, 부정적 테마에서 각각 수집한 정보를 보고 팀의 키워드를 뽑는다.
- 3분×3세트로 모든 용지를 보고 각자의 마음에 걸리는 키워드에 표시한다.
- 다음 3분 동안 전원이 돌려보고 그다음 3분 동안 팀 차원에서 마음에 걸리는 것을 키워드로 선정한다.

이와 같이 '뭔가 아이디어가 없을까?' 하면서 한 시간을 보내는 것보다 3분씩 나누어 짧은 회의를 반복하면 구체적인 결과를 모을 수 있다. 또 전원 참가도 가능하다.

막연히 시간을 보낼 게 아니라 목적과 프레임워크를 갖추고 짧은 회의를 반복하는 구성으로 하면 주체성을 발휘하는 회의를 실현할 수 있다.

개인과 그룹 차원에서 반복한다

💬 안심하고 발언하는 환경

또 반복해서 시행했으면 하는 방식이 개인과 그룹의 작업을 구분하는 것이다.

이것은 34페이지에서 설명한 '5 그라운드 룰'을 행동으로 옮기고 자연스럽게 회의의 토대를 만들기 위해 중요한 방식이다. 안심하고 안전하게 서로 존중하는 환경을 유지하면서 활발하게 발언하는 방식이다.

💬 양을 원할 때는 개인 작업

아이디어와 의견을 내놓을 때, 즉 발상의 양을 늘리려면 개개인

이 진행한다. 팀 전체로 따로따로 이야기하는 형식은 취하지 않는다. 아이디어와 의견을 내는 행위에는 용기가 필요하므로 위압과 두려움을 없애고 누구나 공정하게 대접받는 환경에서 발상의 양을 늘리는 것이 중요하다.

작업에 집중하는 것도 중요하다. 그룹의 자유발언 방식으로는 말을 아끼거나 말을 꺼내는 타이밍을 놓칠 수 있다. 자신이 요구받은 것에 집중하는 방식으로 하자.

구체적으로 말하면 메모지에 조용히 적는 것이 전부다. 간단한 것이지만 이것만으로 발상의 수와 양이 늘어난다.

💬 발전시킬 때는 그룹 작업

개인의 아이디어와 의견이 다 나왔다면 그룹으로 정리하고 그것을 발전시킨다. 우선은 반드시 공유하는 시간을 만든다. 각자 적어낸 것을 전지(모조지)에 붙이거나 책상 위에 모아서 팀 전원이 볼 수 있도록 한다. 그 후에 메모지를 적어낸 사람이 그 내용을 보충 설명하면서 자신의 발상을 소개한다.

이 공유하는 과정을 거치면 메모지에는 적지 못했지만 서로 인식이 같다는 걸 깨닫거나 생각이 미치지 못한 관점에 놀란다. 발상과 의견의 배경을 공유하면 자연스럽게 서로를 존중하는 분위기를 강화할 수 있다.

게다가 인식의 어긋남과 해석의 차이 등 다른 점을 서로 전달하기 때문에 차이가 장해가 되지 않고, 오히려 사고의 차이가 팀의 발상을 돕는다.

개인 작업과 그룹 작업을 분명히 나누고 그것을 번갈아 반복하면 메모지에 표현한 개인의 아이디어와 의견이 그룹 작업에서 새로운 사고로 쉽게 발전할 수 있다. 개인의 생각 차이를 조합하거나 공통된 생각의 근본을 찾아내는 방식을 쓸 수 있다.

# 발상·확산과 수렴·집약을 반복한다

💬 두 가지 사고, 발상·확산과 수렴·집약

회의를 짧게 여러 번, '개인과 그룹'을 반복할 때 의식해야 할 것이 있다. 회의 테마가 무엇이든 목적은 조직 이익에 공헌하는 것이다. 이것에는 크게 세 가지 방향성이 있다.

❶ **개량** 나쁜 점을 좋게 한다.
❷ **개선** 좋은 점을 더 좋게 한다.
❸ **기획** 전혀 새로운 가설을 세운다.

이 세 가지 중 어느 것을 목적으로 하든지 두 가지 사고를 의식해서 회의를 진행하는 것이 중요하다. 그것은 발상·확산 사고와 수렴·집약 사고다.

- **발상·확산 사고** 한마디로 말하면 넓히는 사고다. 테마와 문제에 대한 정보를 모은다거나, 아이디어의 양을 늘리는 것처럼, 가능성을 생각한 한 가지에서 많은 것을 생각하는 것이다.
- **수렴·집약 사고** 한마디로 말하면 좁히는 사고다. 발상확산 사고로 늘어난 정보와 생각을 카테고리로 분류하고 잘라 나누거나 공통점을 찾는다. 테마를 축으로 초점을 찾아내거나, 만들어낸 많은 것 중에서 하나를 생각하는 것이다.

대부분 회의하면서 이 두 가지 사고의 차이를 의식하지 않는다. 그래서 확산해야 할 때 상세한 사항을 줄이거나, 수렴해야 할 때 과거 사례를 축으로 아이디어에 우열을 매겨 선택만 하는 것이다.

💬 **발상의 조합이 '창발'을 일으킨다!**

그렇게 되면 발상·확산과 수렴·집약 모두 어중간해져 한 가지 발언을 고집하거나 겨우 취합한 정보도 조합하지 못하는 상황

〈도표 12〉 발상·확산과 수렴·집약

발상 · 확산

가설 아이디어의 양을 늘리고 다른 가능성을 생각하는 등 사고를 확산하는 것

- 적어낸다
- 판단(전제조건)을 하지 않고 생각한다
- 관점을 바꾸어본다

수렴 · 집약

카테고리로 분류하거나 잘라 나누는 등 '집약'해서 사고의 최대공약수를 찾아내는 것

- 정리한다
- 조합한다
- 극단으로 한다

두 가지 사고를 반복하는 것이 중요

을 초래한다.

훌륭한 회의에는 '창발'이 일어난다. 창발은 21페이지에서 언급한 것처럼 정보의 더하기가 아니라 곱하기로 누구도 생각지 못한 아이디어가 태어나는 것이다. 창발이 일어나는 현장을 만들려면 하나의 미숙한 아이디어를 전례 축으로 선택할 것이 아니라 넓히는 사고와 좁히는 사고, 이 두 가지를 번갈아 반복하여 '발상의 조합'을 일으키고 가설의 정밀도를 높여야 한다.

발상의 조합을 일으키는 팀의 대화 만들기는 발상의 비약을 일으키고 우리를 뜻하지 않은 곳으로 인도한다.

💬 발상·확산과 수렴·집약은 구체와 추상의 반복

여담이지만 발상과 수렴을 반복하는 것은 구체적인 것, 추상적인 것을 반복하는 것이기도 하다. 명확한 이해를 돕기 위해 예를 들면 다음과 같다.

자동차 회사 도요타는 다섯 번의 '왜'를 반복하는 것을 툴로 삼는다고 하는데 반복하는 목적은 동일하다. 일단 '왜?'라는 추상적인 질문을 하고 구체적으로 문제를 파악한다. 또 이미 결정한 결과에 대해 '왜?'라고 추상적인 질문을 하면 동시에 다른 관점에서 구체적으로 다시 파악한다. 다시 파악한 것에 또 '왜?' 하고 질문한다. 이와 같이 반복하면서 사고는 깊어지고 좀 더 깊은 중심점에 도달한다.

발상은 구체적으로 생각하는 것이다. 수렴할 때에는 추상적으로 다시 파악해야 한다.

발상 = 구체적으로 생각하다
수렴 = 추상적으로 생각하다

이것을 반복하면 발상이 변화하고 변혁이 일어난다.

발상·확산, 수렴·집약을 구체적으로 일으키는 데 도움이 되는 도구가 3장과 4장에서 소개하는 '프레임워크'다. 3장에서는 발상·확산을 돕는 프레임워크, 4장에서는 수렴·집약을 돕는 프레임워크를 설명한다.

각 프레임워크를 사용할 때 여러 프레임워크의 조합을 생각하는 등 이 두 가지 사고를 의식해서 반복하기 바란다. 창발을 일으키는 대화를 만들기 위해 매우 중요한 토대가 되므로 완전히 파악한 후에 활용하도록 하자.

3장

성과를 내는 회의로 바꾸는 프레임워크

발상·확산 편

이 장에서는 '성과를 내는 회의'를 위해 사용할 수 있는, 정보 수집과 발상·확산에 적용할 19개 프레임워크를 소개한다.

FRAMEWORK 01 | 절박하면 일단 전부 적는다

💬 사고가 경직되는 질문

경영이 어렵고, 매출이 예상보다 밑돌며, 사원이 실수를 반복하는 현상을 개선하기 위해 뭔가 하지 않으면 안 될 때 우리는 "왜 이렇게 된 걸까, 도대체 왜……" 하고 질문을 반복한다. 이 '왜', '어째서'라는 질문에 납득할 만한 답을 끌어낼 수 있다면 애초부터 어떤 식으로든 대응했을 것이고, 막다른 상황에 몰리지 않았을 것이다. 확실한 답이 없고 구체적으로 알지 못하기 때문에 대처가 필요한 상황이 발생하는 것이다.

현장에서는 우리가 제어하지 못하는 환경 요인을 포함해서 많은 문제가 복잡하게 얽혀 있다. 이 경우 '왜', '어째서'라고 극단적으로 원인과 책임을 묻는 것은 실제로는 문제 해결과 가장 멀어지는 질문이다. 게다가 우리의 사고가 경직될 우려가 있다.

이러한 절박한 상황에서는 "좌우간 뭐든 해!" 하고 긴장을 부추기는 말을 연발하는 상사와 동료가 있다. 막연한 불안이 더해져 우리로는 아무리 해도 안 된다는 강한 스트레스를 받으면 이런 말이 늘어나기 시작한다.

여기에서 골치 아픈 것은 지금 당장 '뭐라도 해야 해'라는 생각과 '하지만 실패는 안 된다'는 이중의 속박이다. 그리고 아무리 해도 안 된다는 불안감이 강해져 단념하거나 마이너스의 상황으로 스스로를 한층 더 몰아간다.

💬 생각하기 위한 생각은 하지 않는다

이런 경우 '일단 먼저 떠오르는 대로 모두 적는다'는 계획을 세운다. 우리가 대처 방안을 찾아내기 위해 생각나는 모든 것을 쓰기 시작하면 심리도 긍정적으로 바뀌는 효과가 있다.

2009년 후생노동성 무라키 아츠코 국장은 장애인 우편요금 할인 제도를 부정하게 이용한 혐의로 체포되었다. 164일간의 구류 끝에 무죄로 석방되어 현장에 복직했다.

그는 '생각나는 건 모두 적는 것'으로 힘든 상황을 극복했다고 한다. 억울하게 체포되어 감옥에 들어가고 범죄자로 취급당하는 상황에서 고민해 봤자 아무 소용없다는 생각이 들었다. 그때부터 그는 '어째서'라는 생각에서 벗어나려고 할 수 있는 일을 모두 쓰기 시작했다.

제약과 조건은 제쳐두고 지금 이곳에서 생각나는 모든 것을 적었다. 모든 것을 쓰면서 각오를 다지고 항목별로 가감 없이 술술 적기 시작하니 자신의 사고와 관점의 방향이 잡혔다.

그리고 그는 모든 것을 적은 리스트를 '지금 바로 해결할 수 있는 것', '머지않아 할 것', '어떤 것을 먼저 해야 할 수 있는 것' 세 가지로 분류하고 순서대로 대응해 갔다.

현재 상황을 개선하고 타개하기 위해서 스스로 할 수 있는 것과 구체적인 행동으로 옮기는 것에 사고를 집중하고 싶다면, 고민하고 생각하기보다 우선 모든 것을 써보자.

팀 단위로 모든 것을 써낸다

그러면 회의에서 모든 것을 써내는 프레임워크를 설명한다. 회의에서는 최종적으로 팀의 정보로 발전시켜야 하기 때문에, 회의에서 모든 것을 써낼 때 이후에 전체 공유와 역할 분담을 쉽게 할 수 있도록 고려해야 한다. '한 장에 한 가지'를 규칙으로 메모지에 적는 방식을 세 가지 순서로 소개한다.

❶ 사실을 공유한다

모든 것을 써내기 전에 사실을 공유하자. '사실을 모아둔' 모조전지를 미리 준비하고 그것을 열람하여 공유한다. 부서와 팀마다 사실을 수집한 A4용지 한 장을 준비하고 거기에 모두가 파악한 사실을 항목별로 기재한다.

❷ 조용히 본다

각자 모은 '사실을 취합한' 모조전지를 벽에 붙이고 조용히 돌아본다. 이때 메모지와 펜으로 생각나는 것을 모두 적는다. '메모지 한 장에 한 가지 규칙'은 철저히 지킨다.

❸ 테마를 설정하고 적는다

다음으로 테마를 설정하고 써낸다. 우선 모든 '가능한 것'을 테마로 적는다. 다음으로 '사실에서 깨달은 것'을 적는다. 마지막으로 '의문이 생기는 것'을 적는다.

이 세 가지를 테마로 적으면 누락과 중복 없이 팀의 지혜를 모을 수 있다.

팀으로 적을 때는 개인이 할 때와 달리, ❷ 순서에서 생각나는 것을 모두 적으라고 하면 '이렇게 써내도 될까' 하는 불안감 때문에 적지 못하는 사람이 있다. 따라서 ❸ 순서와 같이 테마를 설정하면 아이디어와 의견을 취합하기 쉽다. 테마를 설정하면 제약 조건을 설계해 써내는 양이 늘어나고, 완료한 내용을 비교 검토하기가 쉽다.

사실을 모은 용지

- 상품 A의 판매량이 ○○개에서 ××개로 떨어졌다
- 상품 A의 시장점유율이 12% 떨어졌다

생각한 것을 모두 써낸다

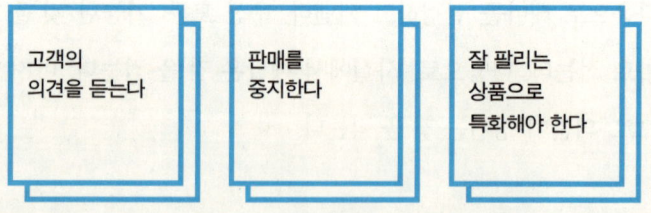

FRAMEWORK 02 | 사고의 편견을 깨는 두 축으로 생각하라

💬 순조로울 때 변화가 필요하다

회사나 프로젝트가 잘 되고 있으면 조직에 빈틈이 생기기 쉽다. 빈틈은 조직이 가진 문제를 뒤로 미뤄버리기 때문에 어느 틈엔가 고객 만족을 제공할 수 없게 되고, 경쟁사와 싸울 때 지고 만다. 이 사실을 깨달았을 때는 시장에서 사라지는 것 외에는 방법이 없다.

일이 순조롭게 흘러갈 때, 회의는 우리의 관점과 발상을 뒤흔들 수 있는 기회라고 받아들이자. 스스로 변화를 꾀하지 않거나 위기감이 희박한 상황이면 두 축으로 생각하는 프레임워크를 사용해서 사고와 관점을 뒤흔든다.

여기에는 개인이 하는 방법과 팀으로 하는 방법 두 종류가 있다. 양쪽 모두, 혹시 편중된 견해와 사고방식에 빠져 있다면 그것을 깨닫는 것이 목적이다.

💬 생각을 뒤흔들다 '개인편'

먼저 개인을 위한 프레임워크를 소개한다. 여기에서는 자신을 객관화하기 위해 자신에 대해 아는 것을 테마로 하여 순서를 설명한다. 다음과 같이 세 가지 순서로 준비한다.

❶ 용지 3장을 준비한다
A4 용지를 준비한다. 긴 쪽을 가로로 한다.

❷ 프레임워크를 작성한다
긴 쪽을 반으로 나눠 세로로 선을 긋는다.
이때, 용지 아래쪽에 높이 5센티미터가량 여백을 남긴다.

❸ 두 축의 키워드를 설정한다
용지 석 장에 적어낼 두 축을 설정한다.
예를 들면 다음과 같은 키워드가 좋다.

첫 번째 용지　　좋아함/싫어함
두 번째 용지　　자신있음/불안함
세 번째 용지　　능숙함/서투름

여기까지 준비했다면 각 용지에 자신의 생각을 적는다.

예를 들면 좋아함/싫어함 용지의 '좋아함' 영역에는 자신이 좋아하는 사람, 물건 등을 적고, '싫어함'의 영역에는 반대로 싫어하는 사람, 물건 등을 자유롭게 쓴다. 다른 키워드를 설정할 때도 동일하다.

작성한 내용은 좋아하지만 불안하다거나 싫어하지만 잘하는 것 등 두 곳에 같은 것이 나와도 상관없다. 나는 노래 부르는 것을 좋아하지만 사람들 앞에서 부르는 것은 불안하다. 사람들 앞에서 이야기하는 것은 싫어하지만 고객은 이야기를 잘한다고 평가한다.

양극인 두 축에서 다시 파악하면 이와 같이 생각지 못한 데로 연결되는 것을 알 수 있다. 결점이라고 생각하던 것이 사실은 좋은 평가를 받는 요소도 될 수 있다. 자기 자신에 대해 두 축의 프레임워크를 사용해 다시 파악해 보자. 치우친 관점과 편견을 깨달을 것이다.

💬 생각을 뒤흔들다 '팀편'

팀으로 진행할 때에는 A4 용지와 메모지를 준비한다. 개인편에서 사용하는 용지와 동일하다.

다음과 같이 세 가지 순서로 진행한다.

❶ A4 용지 3장을 준비한다

아무것도 적지 않은 A4 용지를 준비한다. 이것을 세로가 긴 방향으로 사용한다.

❷ 프레임워크를 작성한다

세로 길이의 반, 정중앙에 선을 긋는다.

이때 용지 아래쪽에 높이 5센티미터 정도의 여백을 남기자.

❸ 두 축의 키워드를 설정한다

석 장의 용지에 적어낼 두 축을 설정한다.

개인편에서 예로 든 것과 같은 키워드도 좋다.

준비가 끝나면 A4 용지를 벽에 붙이고 팀 멤버 전원이 포스트잇 같은 메모지에 생각한 것을 적어서 해당하는 영역에 붙여 나간다. 걸어다니면서 하면 더욱 효과적이다.

〈도표 13〉 두 축으로 생각하는 프레임워크

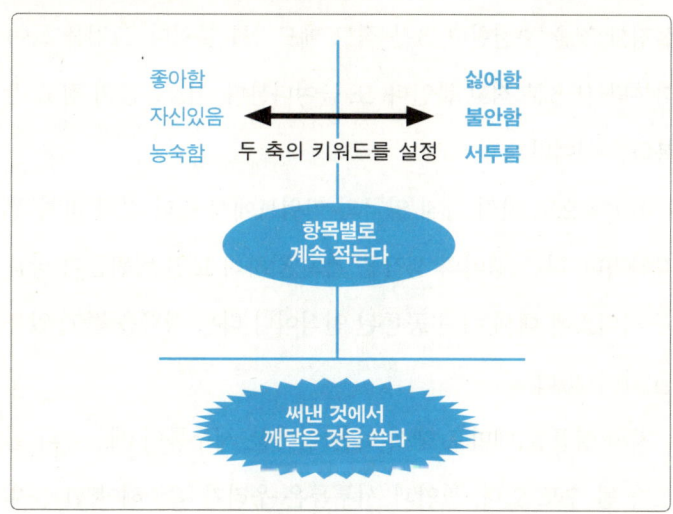

[예]

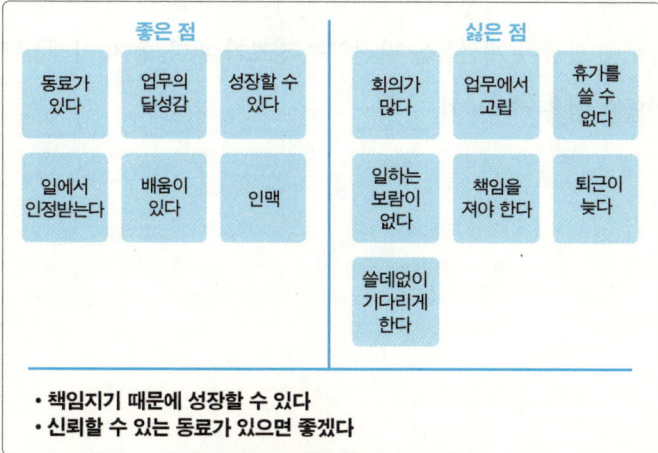

- 책임지기 때문에 성장할 수 있다
- 신뢰할 수 있는 동료가 있으면 좋겠다

두 축이 마주한 채 정보를 수집한다

87

그리고 팀으로 진행할 때는 메모할 때 시간 제한을 세세하게 설정할 것을 추천한다. 3분 적고 메모지를 붙인다. 그것을 들여다본다. 또 3분 적고 붙인다. 또 들여다본다. 이것을 3회 정도 반복하는 식이다.

최종적으로 여러 가지 양극의 키워드에서 왔다 갔다 하며 생각하거나, 다른 멤버의 생각을 계속 접하다 보면 팀원들이 상품과 서비스에 대해 어떤 공통된 인식이나 다른 생각을 갖고 있음을 알 수 있다.

자사 상품을 테마로 해서 나온 싫어함, 서투름이 개선점의 힌트가 될 수도 있다. 불안과 서투름은 우리가 집중해야 할 틈새시장을 보여주고 있는지도 모른다. 우리의 편견을 뒤흔드는 자유로운 발상이 개선점을 발견하는 정보가 된다. 용지 아래쪽에 깨달은 점을 적어넣자.

FRAMEWORK 03 | 고객 체험을 수집하려면 자신을 탐색하라

💬 **자신을 객관화한다**

자신의 상품과 서비스만 생각하면 관점이 굳는다. 예를 들면 발상이 넓어지지 않거나, 무엇을 생각하면 좋을지 막연해서 같은 의견만 반복한다.

나는 이와 같은 상황에 빠져 있을 때 '나를 탐색하는' 프레임워크를 회의 툴로 사용한다.

우리는 상품이나 서비스와 관련된 경험보다 소비자, 고객과 관련된 경험이 압도적으로 많다. 자신의 압도적인 고객 체험을 뒤돌아보고 난 다음 자사의 상품과 서비스 개선에 필요한 발상을 촉구하는 힌트를 모은다. 이것이 자신을 탐색하는 목적이다.

고객 체험을 자사 제품이나 서비스 개선 등에 활용하는 이 프레임워크는 '긍정적인 고객 체험'과 '부정적인 고객 체험'의 두 가지 축으로 진행한다. 회의에 참가한 멤버 전원은 자신의 인상에 남아 있는 고객 체험을 각각의 축으로 적는다.

💬 기쁘고 감동적인 고객 체험을 모아라

처음에는 긍정적인 감정과 인상 깊은 경험을 생각하면서 몇 가지든 떠오르는 대로 적어낸다.

내가 돌아본 고객 체험은 어느 조미료 제조사의 대응이다. 닭뼈를 베이스로 한 국물이 매우 마음에 들어서 단골이 되었다. 요리를 좋아하는 친구와 부모님께도 선물하고, 주문할 때는 항상 맛있게 활용하고 있다는 메시지를 전했다.

그런데 어느 날 주문하지도 않았는데 제조사가 보낸 택배가 도착해 있었다. 열어보니 판매 개시 전의 신상품 세 가지와 편지가 들어 있었다. 편지에는 조미료를 계속 사용해 주어 감사하다는 인사와 조미료를 활용할 레시피 안내, 그리고 발매 전의 상품을 사용해 주면 영광이겠다는 내용이 적혀 있었다. 전혀 예상하지 못한 것이라 기쁨도 두 배였다.

이와 같이 실제로 자신이 고객으로서 느꼈던 기쁨이나 감동을 떠올리면서 적어보고, 긍정적인 고객 체험의 정보를 수집해 보자.

💬 짜증나고 화가 났던 고객 체험을 수집한다

긍정적인 체험을 다 적고 난 후엔 반대로 부정적인 감정을 내포한 고객 체험을 적어낸다.

내가 경험한 아쉬웠던 고객 체험은 어느 통신판매회사의 대응이다. 수영복을 착용해야 하는 온천에 가려고 인터넷 쇼핑몰에서 수영복을 구입했다. 사이즈가 맞지 않으면 반품할 수 있는 조건이었다.

제품 배송이 매우 빨라서 첫인상이 좋았지만, 사이즈가 맞지 않아 반품 신청을 하니 회신이 오지 않았다. 회신을 요구하는 메일을 세 번 보내고 나서야 겨우 받은 메일에는 "좋은 상품을 보내드렸고 저희도 상품 발송을 하려면 부가적인 수고가 듭니다. 어떻게든 사이즈를 잘 맞춰서 착용해 주십시오"라고 적혀 있었다.

옷이라면 수선해서 사이즈를 조정해 입을 수 있지만 수영복이었기 때문에 다시 반품 의사를 강하게 전달했다. 최종적으로는 반품했지만 회사의 대응에는 매우 화가 났다.

이러한 불쾌한 고객 체험이 오히려 적어내기 쉬울 수도 있다. 생각나는 대로 적어보자.

💬 고객 체험을 살려라

적어낸 긍정적이고 부정적인 고객 체험을 우리 자신의 업무에 활용할 수 있도록 각각 점검하자. 우선 실제로 일어난 것, 그 일에 품은 감정과 기분으로 나눈다. 〈도표 14〉와 같은 프레임워크를 사용해서 정리한다.

〈도표 14〉 자신을 탐색하기 위한 프레임워크

자신의 고객 체험을 써낸다

일자 : 이름	
긍정적인 고객 체험	부정적인 고객 체험

사실과 감정에서 우리의 개선점을 찾아낸다

일자 : 이름

	긍정적인 체험: 사실	그때 느낀 감정	깨달은 점
1			
2			
3			
4			
5			

수집한 고객 체험의 사실과 감정을 단서로 '자사에서 일어나는 고객 체험'과 대조한다.

그러면 '서프라이즈 선물을 준비하는 편이 좋을까?' '클레임 대응의 스피드는?' '담당하는 사람에 따라 대응을 달리하지는 않나?' 등 깨닫는 것이 생길 것이다.

고객으로서 체험한 감정과 기분은 대부분 시간이 지나면 희미해진다. 우리가 고객으로서 체험한 생생한 정보는 보물과 같다. '나의 탐색 수첩'과 같은 노트를 준비하고 수첩에 내용을 적어넣으며 평소에도 정보를 기록으로 남겨두자. 그리고 회의할 때 공유하자.

FRAMEWORK 04 | 입장이 대립하면 다른 구조로 바꾸어라

★★

💬 피해 의식과 자기 보호는 당장 그만둬라

입장이 다른 여러 부서가 모인 회의에서는 서로 처한 위치가 달라 의견 충돌을 되풀이한다.

예를 들면 업무 실적을 개선하기 위해 참석한 회의에서 영업부가 "이런 상품이기 때문에 팔리지 않는다"라고 개발부에 고충을 토로하면, 개발부는 "상품의 장점을 잘 전달하지 못한다"고 영업부에 응수한다.

또 점포의 영업회의에서는 점장들이 "본사는 현장을 잘 모른다"고 하면, 본사는 "현장에서 본사의 지시사항을 실행하지 않는다"며 대립한다.

많은 사람이 이와 같은 일을 경험할 것이다. 현상 개선에 필요한 발언보다 자기 자신을 보호하려고 타인에게 책임을 떠넘기는 발언을 우선하는 최악의 회의다.

매출이나 프로젝트 결과가 나오지 않고 실적이 오르지 않을 때는 서로의 역할을 존중하고 상호 이해하여, 전체를 보는 눈을 가지고 개선과 현상 타개에 임하는 것이 중요하다.

일단 자신의 입장을 떠나 다른 구조로 바꿈으로써 전체를 객관화하자.

💬 일을 '사람'으로 바꾼다

'다른 구조로 바꾸는' 프레임워크는 목적에 따라 여러 가지가 있는데, 여기에서는 '사람으로 바꾸는' 프레임워크를 소개한다. 전체를 보아 팀 멤버가 일을 재검토할 때는 회사를 '사람'으로 바꿔보는 방법이 유효하다.

각각의 역할을 한걸음 떨어져 객관적으로 바라보는 것인데, 조직의 가치를 만드는 일련의 흐름과 순환으로 전체를 보면서 서로의 역할과 상호 관계를 생각하는 프레임워크다. 이 프레임워크 순서는 크게 두 가지로 나뉜다. 전반에는 같은 부서 사람들끼리 진행하고 후반에는 타 부서와 함께 진행한다.

〈도표 15〉 인체로 바꾸어보는 프레임워크

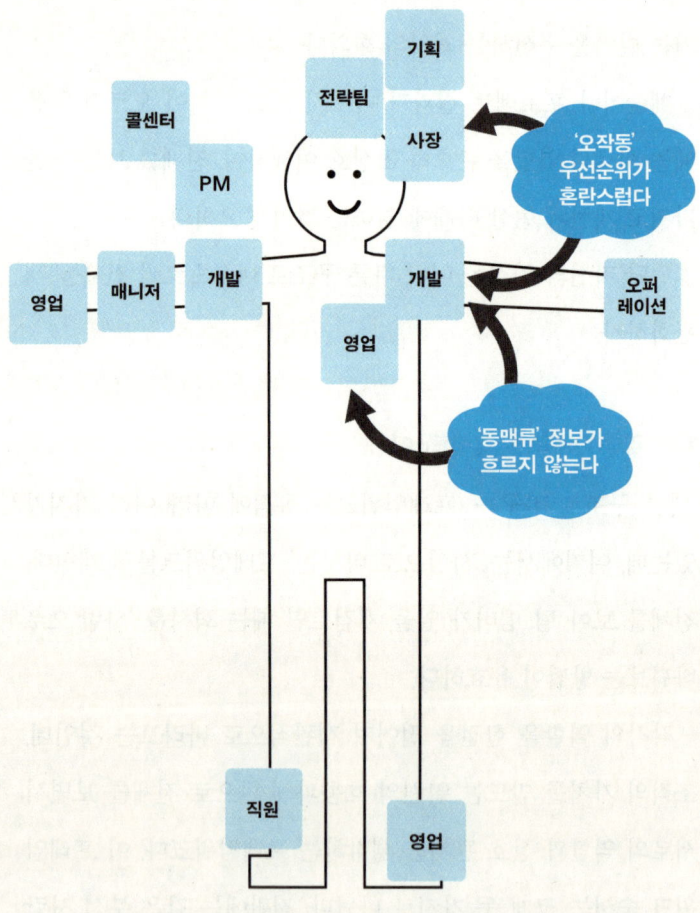

부분이 아니라 전체를 보려고 순환을 파악한다

💬 인체도에 대비시켜 기초를 준비한다

먼저 회사를 인간의 몸으로 바꾸어보기 위해 정보를 수집한다. 이것은 같은 부서의 팀 멤버와 함께한다. 다음 세 가지 순서로 진행한다.

전반 : 같은 부서에서 정보를 수집한다

❶ 3인 1팀으로 편성

대화하기 쉬운 3인 그룹으로 나눈다.

❷ 팀당 한 장씩 모조전지를 준비

각 팀은 모조전지를 준비하고 프레임워크를 작성한다.

모조전지는 세로로 길게 쓰고, 사람 모형을 크게 그린다(96페이지 참조).

❸ 인체로 바꾸어본다

프레임워크를 벽에 붙이고 각 부서의 업무와 역할이 '인체를 예로 들면' 어디에 해당하는지 생각하고 메모지에 표시한다.

조직과 프로젝트를 한 명의 인간이라고 할 때 영업부는 뇌, 심장, 얼굴 등 어디에 해당하는지 생각한다. 마찬가지로 개발부

등 프로젝트에 관련한 모든 부서의 역할을 인체로 바꾸어보며 '순환'을 촉진하는 기초를 준비한다.

후반부에 들어가기 전에 팀은 서로 공유한다. 각자 '왜 그렇게 정했는지'를 순서대로 말한다. 이때는 이야기하는 내용을 메모하는 것이 좋다. 팀 세 사람의 의견을 공유했다면 각각의 설명을 듣고 공통점과 차이를 맞춘 후 모조전지에 팀이 정리한 메모지를 배치, 조정한다.

각 팀이 작업을 완료하면 후반을 진행한다.

💬 서로의 관계에서 순환을 보다

다음으로 전반부에 준비한 인체도를 사용해서 순환을 관찰하자. 후반에 해당하는 이 사고 작업은 다른 부서와 함께 진행한다. 그렇기 때문에 이 단계에서는 '볼 때는 조용히', '깨달은 점은 그 자리에서 메모할 것'으로 약속하고 시작한다. 왜냐하면 더러 비평가 자세에서 빠져나오지 못한 사람이 있기 때문이다.

후반 : 다른 부서 혼합으로 순환을 보다

❶ 각 팀의 모조전지를 공유

완성한 모조전지를 돌려본다.

다른 팀의 생각을 보고 깨달은 것을 메모지에 쓴다.

❷ 팀에 가지고 돌아가서 순환을 생각한다

모든 팀의 모조전지를 보고 깨달은 것을 팀과 공유하고, 관련성이 강한 부분을 화살표로 연결해서 순환을 표시해 넣는다(96페이지 참조).

❸ 순환을 방해하는 요소를 파악한다

무엇이 영업과 개발의 순환을 정체시키는지, 실적 부진 등의 현상을 인체로 바꾸면 무슨 일이 일어나는지 적어넣는다.

인체라는 다른 구조로 바꾸어보면 각각의 입장과 연계했을 때 일어나는 오류를 알 수 있고 그 대처 방안을 부서의 역할을 뛰어넘어 발견할 수 있다.

💬 회복에 필요한 아이디어 내기

여기까지가 '다른 구조로 바꾸어보는' 프레임워크다. 인체도를 활용하여 회의를 하며 회복에 필요한 아이디어를 낸다.

회복은 다음 세 단계로 실시한다.

❶ 순환을 정체시키는 방해 요소를 파악해 대처방안을 적는다

회복하고 싶은 것이 '동맥류'라면 자신의 부서에서 할 수 있

는 것, 할 수 없는 것, 다른 부서에서 할 수 있는 것, 할 수 없는 것을 적는다.

❷ 우선순위를 정한다
앞서 적어낸 회복에 필요한 아이디어를 전원이 공유하고 우선순위를 정한다.

❸ 행동을 구체화한다
가장 먼저 대응할 세 가지 행동을 정하고 실행 리스트를 만든다.

회의에서 서로를 비난해 봤자 사실은 바뀌지 않고 개선도 안 된다. 멀리 돌아가는 것 같지만 실행 가능한 대책을 마련하려면 우리의 상태를 다른 구조로 바꾸어보는 것으로 전체 관점에서 공유해야 한다.

FRAMEWORK 05 가치를 확정하려면 숫자 데이터를 모아라

💬 고객 관점의 숫자

회사의 대표적인 숫자는 회계 숫자다. 개발에 들어가는 자금, 인원, 시간 등의 수치, 판매 관련 수치와 계약 관련 수치, 판매 후에 일어나는 일에 대한 대응비용, 재고와 불량품의 폐기 비용 등의 숫자도 있다. 또 회사 전체의 매출 목표와 부서별 수치 목표, 고객과 제품별 노르마(norma: 노동의 책임량), 미팅이나 회의에 따라붙는 수치 등도 있다.

만일 자사의 가치를 재확인하고 싶거나 고객에게 자사의 가치를 분명히 하고 싶다면 '고객의 관점'에서 숫자 데이터를 취합해 보자. 회의 목적을 보통 때와 다른 숫자 데이터를 취합하는 것에 두면 자사의 가치를 깊이 이해할 수 있다.

중요한 것은 숫자를 단독으로 보지 않고 복합적으로 봐야 한다는 것이다. 비교 대상에 따라 보이는 경치가 달라진다.

예를 들면 정육점에서 스테이크용 1등급 투플러스(++) 한우 등심을 150그램 한 팩당 3만 원에 판매한다고 하자. 수입 소고기는 한 팩에 만 원이다. 한우 한 팩을 살 돈이면 수입 소고기 세 팩을 살 수 있다. 3인 가족이라면 한우를 힐끔거리면서 수입 소고기를 살 가능성이 높다.

그러나 비교 대상이 외식이면 어떨까. 스테이크하우스에서는 한우 스테이크가 1인분에 10만 원이다. 3인 가족이 먹으려면 30만 원이 든다. 한 사람 외식비면 집에서 온 가족이 고급 한우 스테이크를 먹을 수 있다는 계산이 선다. 이처럼 외식비와 비교하면 싸기 때문에 '특별한 날엔 스테이크용 한우를 살 수 있다'는 고객의 심리를 알 수 있다.

'비교 대상 모으기'는 자사의 상품과 서비스가 '고객의 관점'에서 어떤 숫자와 비교될 것인지 생각하는 것이다. 고객 관점의 숫자로 비교 대상을 모아보자.

💬 **비교 대상 모으기**

자사의 상품과 서비스를 무엇과 비교할 것인지 아이디어를 내기 위한 프레임워크를 소개한다.

비교 대상을 모아보면 자사 상품과 서비스의 가치가 무엇인지 알 수 있다. 개별적으로 메모지와 펜을 준비해서 다음 3단계로 팀의 생각을 모아보자.

❶ '비교하기 쉬운 것'을 개별적으로 3분간 써낸다

고객의 심리에서 어떤 비교로 우선순위를 정하는지 상상하면서 적어내자. 앞서 예로 든 스테이크용 한우라면 '삼겹살'과 '횟감'도 비교 대상이 될 수 있다. 단 '메모지 한 장에 한 가지 룰'을 잊지 말자.

❷ '비교하고 싶은 것'을 개별적으로 3분간 써낸다

다음 축은 '무엇과 비교하고 싶은가'다. 바로 전 순서에서 상품이 먹는 것이라면 음식 관련 아이디어가 나오기 쉽다.

이번엔 비교 대상을 전혀 다른 것에서 찾아본다. 포상용 스테이크라면 여행 비용이나 유원지 입장료와 비교할 수 있다. 직장인을 위한 강의라면 여행 비용과 비교해서 "자신을 위한 것은 어느 쪽인가" 하는 질문을 던질 수도 있다. 자사 상품과 서비스의 강점을 염두에 두고 비교 대상을 적어넣자.

❸ 팀 전체 공유

모조전지에 적어낸 메모지를 모두 붙인다. 모조전지는 긴 쪽을 가로로 놓고 정중앙을 나누어 선을 긋는다. 왼쪽에 '비교하기 쉬운 것', 오른쪽에 '비교하고 싶은 것'을 써낸 메모지를 붙이고 팀 전체와 공유한다.

비교 대상을 모으는 것만으로도 자신의 가치가 무엇인지 알기 쉽지만 '고객 관점의 숫자 데이터'를 모으려면 조금 더 고민해 봐야 한다.

💬 비교를 시각화한다

앞서 언급한 고민이 비교의 '시각화'다. 시각화로 숫자 데이터 수집의 프레임워크를 완성한다. 이것도 3단계로 해보자.

❶ 메모지를 정리한다

'비교하기 쉬운 것, 비교하고 싶은 것'의 각 구역에 붙은 메모지를 정리한다. 방식은 간단하다. 같은 내용의 메모지끼리 모아서 하나로 정리하면 된다. 겹쳐놓거나 대표적인 메모지 한 장을 선택한다.

❷ 시각화 표를 만든다

❶에서 정리한 메모지를 각 구역 왼쪽 끝에 세로로 1열로 정렬해서 다시 붙인다. 그리고 각 메모지 아래에 가로선을 긋는다. 표의 선을 긋는 이미지로 메모지마다 기입란을 만든다.

❸ 숫자 데이터를 취합한다

정리한 메모지를 숫자 데이터 취합을 위한 테마로 정한다. 개별로 담당 테마를 정하고, 일주일 기간을 두고 담당이 된 테마의 '숫자 데이터'를 취합한다. 가격, 연간 이용 수와 방문자 수, 반복 횟수 등 가능한 모든 숫자를 취합하고 모조전지의 각 메모지 기입란에 기재한다.

'비교하기 쉬운 것, 비교하고 싶은 것'을 정리한 후 숫자를 취합하면 '자사 상품과 서비스의 가치'를 파악할 수 있고 자신들의 회사를 좀 더 이해할 수 있다. 이 비교를 시각화해 취합한 숫자 정보를 활용하면 마케팅 메시지도 구성할 수 있다.

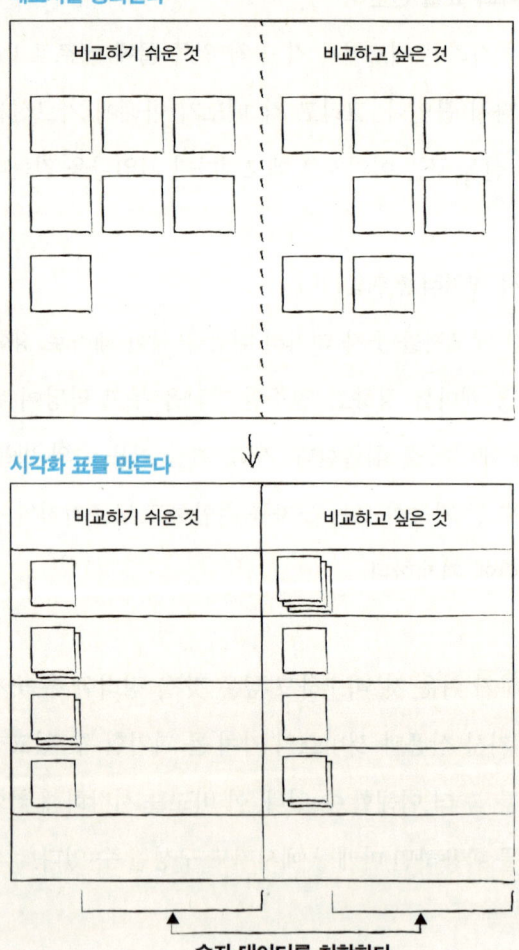

FRAMEWORK 06 ★★★
사각지대를 발견하려면 닮은 것을 찾아라

💬 언뜻 활발해 보이는 회의의 함정

회의 진행자와 촉진자, 서기를 담당한 사람이 화이트보드에 참석자의 아이디어와 발언, 의견을 적는다. 그리고 그것을 동그라미 등으로 그루핑한다. 아이디어, 발상을 모을 때 쉽게 하는 방식이다.

일전에 한 경영자가 다음 해 경영전략회의를 상담 의뢰했다. 이미 진행 중인 회의라서 먼저 현황 파악을 겸해 회의를 견학했다. 진행자가 참석자들에게 "어떤 의견이라도 좋으니 생각한 것을 말씀해 주세요", "A씨는 어떻게 생각하십니까?" 하며 발언을 재촉하거나 의견을 적었다. "그것은 B씨와 같은 의견이네요" 하며 적는 것을 생략하거나 "이것은 저것과 동일하지요" 하고 판단하며 계속 그루핑을 하고 있었다.

언뜻 보면 매우 활발한 회의이고 진행자도 솜씨 좋게 발상을 지원했다. 그러나 이것은 좋은 발상 수집법이 아니다. '닮았다'고 생략한 것에 바로 사각지대가 있다.

💬 아이디어의 사각지대를 발견하라

2장에서 언급한 바와 같이 발상을 모을 때는 질보다 양을 우선하는 것이 중요하다. 양이 많으면 질 높은 발상을 찾아낼 수 있다.

나아가 발상의 '사각지대'를 끌어내면 억측과 편견을 조정하고 새로운 관점과 다른 방향성을 제시할 수 있다.

이것을 나는 '아이디어 사각지대'라고 부른다.

사각지대는 일상적이면서도 어느 각도에서는 보이지 않는 범위를 의미한다. 운전할 때도 운전석에서 보이지 않는 각도가 있다. 이것이 사각지대다. 사이드미러와 백미러는 보이지 않는 사각지대를 보기 위한 보완 장치다.

차의 사각지대와 같이 아이디어를 낼 때도 '볼 수 없는 것'과 '보이지 않는 것'이 숨어 있다. '아이디어의 사각지대'를 찾아내는 것은 잘못된 확신을 깨닫고 일상적인 사고를 뒤흔드는 것이기도 하다.

구체적으로 아이디어의 사각지대를 찾아내는 방법을 소개한다. 방법은 간단하지만 '생각하는' 시간을 꼭 가져야 한다. 어수선하게 서둘러 결론지을 게 아니라 차분하게 진행한다.

우선 모조전지와 메모지, 3색 이상의 매직펜을 준비한다. 모조전지는 긴 쪽을 가로로 사용하고 석 장을 이어서 벽에 붙인다. 큰 캔버스 이미지다.

이때 '아이디어 사각지대'를 찾는다는 사실을 참석자에게는 비밀로 해야 한다. '사각지대가 있었다!' 하고 스스로 깨닫는 임팩트가 필요하기 때문에 아이디어를 낼 때 평소와 동일한 방식으로 진행한다.

💬 닮은 것을 찾아낸다

아이디어의 사각지대를 발견하려면 우선 '생각나는 것', '떠오르는 것'을 파악해야 한다. 통상적인 아이디어를 내는 것부터 3단계 순서로 해보자.

❶ 개별적으로 아이디어를 모두 적어낸다

설정한 테마에 대해 떠오르는 아이디어를 모두 적어낸다. 있는 것과 없는 것, 실행 가능성 여부를 불문하고 생각나는 것을 모두 적어낸다.

❷ 메모지를 정리한다

❶에서 적어낸 메모지를 왼쪽의 모조전지에 모두 붙인다. 그냥 일단 모은다. 각자 적어낸 메모지의 아이디어에 대해 보충 설명을 하고 정보를 깊게 공유한다. 그러고 나서 그 자리에서 그룹으로 나눈다. 이때 무리해서 그룹 수를 줄일 필요는 없다. 작은 그룹을 만들어가자. 정리할 수 있다면 매직으로 울타리를 만들고 그룹명을 정해 적어넣는다.

❸ 세로축으로 정렬 후 가로축을 생각한다

남아 있는 모조전지 두 장을 한 캔버스로 만들어서 ❷에서 나눈 그룹마다 세로 일렬로 다시 붙인다. 정렬한 세로축을 보면서 그룹의 틀을 넘어 가로로 닮아 있는 것을 생각하며 메모지를 다시 나열한다. 정리가 끝나면 가로축에도 네이밍을 한다.

💬 사각지대를 찾는다

닮은 것을 찾아서 모으면 의식하지 못한 '사각지대'가 분명히 보인다. 앞서 3단계로 완성한 표를 보자.

세로축과 가로축을 조합한 칸을 만들고 보면 빈칸이 보일 것이다. 여기가 아이디어의 사각지대다. '만일 그 세로축과 가로축의 조합이 성립한다면 어떤 아이디어가 떠오를까?' 생각하는 계기가 된다. 사각지대를 발견하여 누락 없이, 중복 없이 발상하기 위한 시각화이기도 하다.

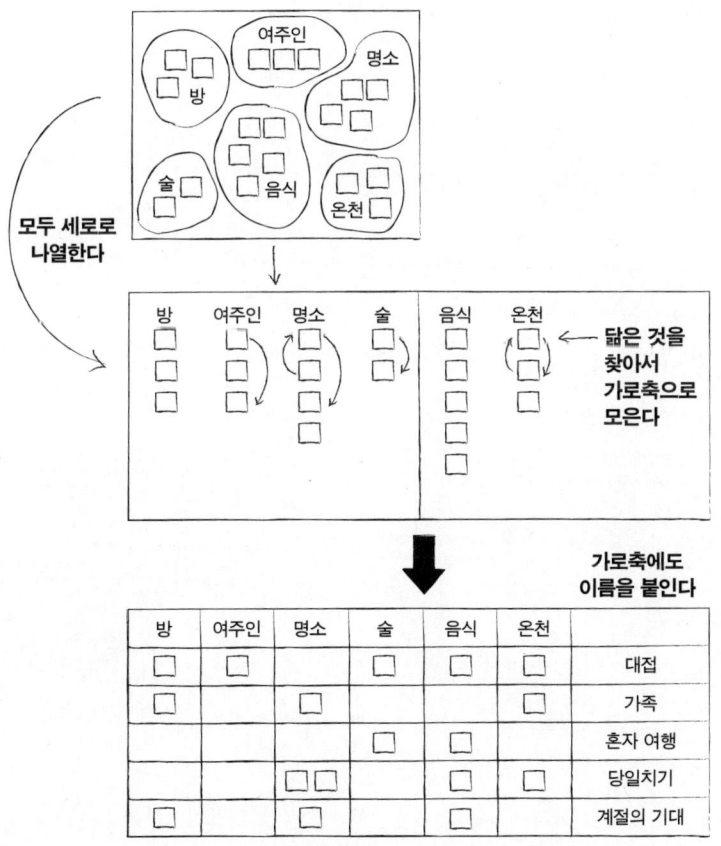

아이디어를 낸다는 것은 무의식적인 확신을 전제로 하므로, 이 프레임워크를 사용해서 우리가 생각지도 못한 사각지대가 있음을 깨닫고 좀 더 정밀도 높은 아이디어로 발전시키자.

FRAMEWORK 07 | 발상이 막히면 세분화하라

💬 발상에 얽힌 오해를 푼다

많은 사람들이 '발상'을 어렵다고 생각하는데 그건 발상에 대한 세 가지 오해 때문이다. 여기에서 소개하는 '세분화한다'는 것은 이 오해를 풀어가는 것이기도 하므로 발상을 다시 파악해 보자.

먼저 '발상'은 다음 세 가지가 한 세트다.

❶ 창조성 ❷ 발상력 ❸ 상상력

그런데 이 세 가지에 대해 오해하는 부분이 있다. 첫째 ❶ 창조성이 '비약적'으로 보인다는 오해다. 사람들은 대부분 "아이디어가 떠올랐다!"고 하지만 그건 '떠오르기까지의 프로세스'를 인식하지 못하기 때문에 '갑자기 아이디어가 생각났다!'고 느끼는 것이다.

실제로는 깊이 생각하는 자세와 정보가 만나 해결의 길이 보였거나 정확한 가설을 얻고 해답을 손에 넣은 것이다. 즉, 깊이 생각하고 계속 생각하는 자세가 중요하다.

둘째 ❷ 발상력은 '재미있는 아이디어를 내는 것', '다른 사람과 다른 관점에서 아이디어를 내는 것'이라는 오해다. 아이디어맨이라고 해서 질이 높은 내용만 낼 수 있는 것은 아니다. 질을 높이려면 충분한 양을 내는 것이 중요하다. 발상력이 풍부하다는 것은 좋은 아이디어를 낼 수 있다는 것이 아니고, 충분한 양을 내놓을 수 있는 프로세스를 지녔다는 것이다.

셋째 ❸ 상상력은 '재능'이라는 오해다. "나는 상상력이 부족하니까" 하는 것은 상상력이 재능이라고 생각하기 때문에 나오는 말이다.

그러나 사고훈련을 반복하면 주어진 정보 안에서 목표를 세울 수 있다. 정원 꾸미기가 특기인 사람은 계절마다 꽃이 피는 장면을 상상하면서 씨와 모종을 배치한다. 이것은 재능보다 과거의 경험과 정보, 지식이 복합적으로 어우러지기 때문에 가능한 것이다.

💬 발상을 위해 '세분화'한다

지금까지 발상력은 훈련으로 단련된다고 설명했다. 여기에서는 그래도 발상에 한계를 느끼는 분에게 도움이 되는 프레임워크를 설명한다. 바로 세분화하는 방법이다. 발상력을 키우는 트레이닝으로도 제격이므로 시도해 보자.

예를 들어 '새로운 코끼리를 생각해 보라'는 표제가 있다. 이런 표제를 보면 '새로운 코끼리?' 하고 머릿속에서 물음표가 반짝거릴 것이다.

물음표가 나오기 시작하면 구체적으로 생각할 수 없으므로 사고가 정지해 버린다. "새로운 코끼리라는 게 도대체 어떤 거죠?" "어떤 것까지 생각하면 되는 거죠?" 등 구체적인 예를 물어보고 싶거나 도망가고 싶다.

코끼리의 특징
- 귀가 크다
- 코가 길다
- 회색
- 육지에서 가장 크다
- 코를 도구로 사용한다 등

이러한 상태는 발상을 하는 것이 아니다. 우선 세밀한 요소로 나누어보자. 예를 들어 '코끼리'를 세분화하면 어떤 요소가 발견될까?

코끼리를 세밀하게 나누면 코끼리를 이루는 '요소'를 발견할 수 있다. 새로운 아이디어는 이 요소를 조작하는 것이다. 요소를 극단적으로 강조하거나 반대로 하거나 다른 것으로 변화하면 새로운 아이디어의 계기를 발상할 수 있다.

예를 들어 코끼리의 요소인 '회색'을 '무지개색', '검은색', '흰색'으로 바꾸면 새로운 아이디어가 나온다. '검은색'이라면 '일상에 섬뜩함을 가져오는 검은 코끼리'라는 실제 코끼리의 이미지를 바꾸는 캐릭터가 나온다.

다음 도표를 프레임워크로 활용하면 세분화 → 조작 → 새로운 요소라는 발상의 기본을 몸에 익힐 수 있다.

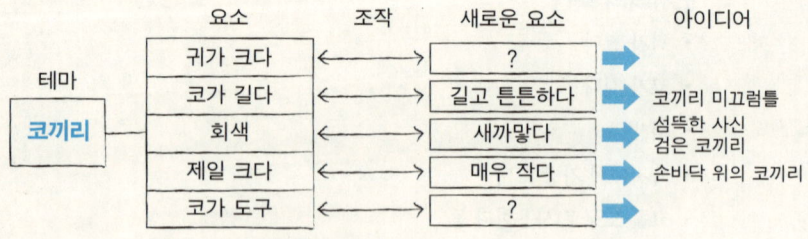

FRAMEWORK 08 | 전례가 없는 것에 극단적으로 도전하라

💬 있을 수 없지만 있다

우리는 '전례가 없는 것'에 몰두하는 것이 경영상 필수인 시대에 살고 있다. 사업을 지속해서 활성화하려면 지금까지의 연장선상에서 생각하는 자세를 바꾸라고 강요당한다.

업무 중인 책상 주위를 보기만 해도 어렸을 때는 없었는데 지금은 있는 것들을 쉽게 발견할 수 있다.

7세의 코너 자마리는 아이폰용 게임 애플리케이션 '토스트팝'의 개발을 지휘하고 게임 애플리케이션 개발 회사를 설립했다.

14세의 잭 안드라카는 60년 이상 사용해 온 암 진단법에 의문을 가지고 췌장암, 난소암, 폐암을 저렴한 가격으로 신속하게 발견할 수 있는 검사법을 개발했다.

19세의 보얀 슬랫은 태평양에 부유하는 유해한 플라스틱 쓰레기를 회수하는 방법을 고안하여 크라우드 펀딩으로 24억 원을 모았다.

💬 '있을 수 없는 일'에 몰두하다

이런 뉴스가 날아드는 시대임에도 무의식중에 '지금까지의 연장선상에서 어떻게든 하는 것'으로 밀어붙이고 있지 않은가? 예를 들면 신상품의 판매를 예측할 때 "지금까지(과거의 상품군)는 ○○개이기 때문에 이번에는 노력해도 ××개", "그렇군, 그 이상은 없군"이라는 대화를 하고 있지 않은가?

과거 성공 사례의 속박에서 벗어나려면 있을 수 없는 일에 도전해야 한다. '극단적으로 하는' 프레임워크를 다음과 같이 3단계로 진행해 보자.

❶ 사실을 모두 수집한다

3인 1팀으로 구성해서 팀마다 사실을 수집한다. 회의의 테마가 '신상품의 판매전략'이라면 상품, 판로, 고객의 세 가지 영역을 모두 수집하라. 세 명으로 구성한 팀이기 때문에 담당을 정하면 효율적으로 진행할 수 있다.

여기에서 주의할 점은 해석을 수집하는 것이 아니라는 점이다. 누가 어떻게 생각하고 있는지, 어떻게 분석했는지가 아니라 사실만을 모은다. 한 사람당 세 개의 사실을 수집하기로 약속하면 된다. 취합한 사실은 메모지와 자료를 1대 1로 하여 정리한다.

예를 들면 'A상품의 연간 매출 수 △△△개'라고 메모지에 요점을 적고 그것의 사실 자료를 A4 용지 한 장으로 정리해서 요점과 사실 자료를 한 세트로 정리한다.

❷ 사실을 공유한다

요점과 사실 자료 세트를 각자 참조해서 팀마다 미팅을 진행한다. 각자 가지고 온 세 개의 사실을 벽에 붙인다. 그리고 서로의 내용을 조용히 돌아본다. 질문이 있으면 메모지에 적는다.

프로젝트 리더는 모든 미팅에 옵서버로 참가해도 좋지만 조건이 있다. 절대로 참견하지 않는 것이다. 생각나는 것이 있다면 메모를 하고 철저히 관찰한다. 이렇게 할 수 없다면 참석해서는 안 된다.

❸ 극단적으로 한다

한 사람당 세 개의 사실이 있고 모두 세 명이기 때문에 벽에는 아홉 개의 사실이 붙어 있다. 이제 사실을 극단적으로 변화시키는 아이디어를 적어내는 시간을 갖는다. 발상은 개별로 한다.

예를 들면 '고객'이라는 영역에 '여성'이 있을 때 극단적인 변화라면 아이와 남성을 생각할 수 있다. '판로'에 '대형 소매점에서의 판매'가 사실이라면 극단적으로 다른 판로를 발상하는 것이다.

지금까지의 생각에서 벗어난 발상을 자연스럽게 할 수 있는 장치로 '극단적으로 하는' 것을 활용하자.

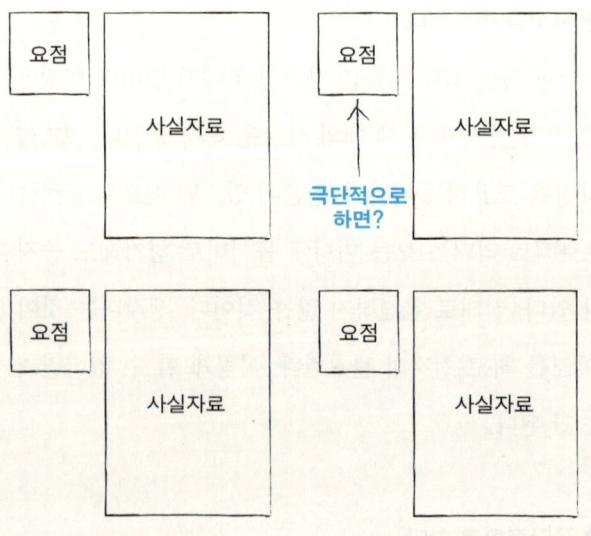

FRAMEWORK

09 | 매출과 이익 향상을 위해 '올렸다 내렸다' 해보라

💬 무엇을 교환하는가

고객은 회사가 제공하는 상품과 서비스를 돈으로 구입한다. 회사는 상품과 서비스를 제공하고 돈을 손에 넣는다. 상품과 서비스를 돈과 교환하는 것이다. 즉, 물건과 화폐의 교환이다.

그러나 우리가 교환하는 것은 물건과 화폐가 아니다. 고객은 손에 넣은 물건으로 문제 해결의 가치를 얻는다.

예를 들면 페인트를 산 사람은 단순히 페인트를 가지는 것이 목적이 아니라 자신이 좋아하는 색으로 벽을 칠해서 기분 좋은 생활을 하고자 하는 것이다. 고객이 산 당신의 페인트가 1만 원이라면 고객은 당신의 페인트에 1만 원 상당의 신뢰와 신용을 보낸 것이다.

우리는 문제 해결과 신뢰, 신용이라는 '가치 교환'의 세계에서 이익을 만드는 활동을 하고 있는 것이다.

💬 가격을 바꾸면 생각지 못한 곳에 영향을 준다

우리는 가치를 교환하여 이익을 창출한다. 매출 상승과 이익 개선은 가치 교환이라는 구조를 개선한다는 의미다.

상품의 가격을 올리면 이익은 늘어난다. 1,000원에서 500원의 이익을 얻는 상품을 2,000원에 팔면 상품 가격은 두 배이고 이익은 1,500원으로 지금까지의 세 배가 된다.

그러나 상품의 가격이 두 배가 되면 고객층이 바뀔 우려가 있다. 기존 고객의 구입 빈도도 내려갈 수 있다. 신규 고객을 얻기 위해 프로모션에 투자할 필요도 있다.

매출과 이익을 향상시키기 위해 가격을 올렸다 내렸다 했을 때 어떤 영향을 예상할 수 있는지, 그 영향에 대해 어떤 대책을 취할 것인지 사전에 아이디어를 내도록 하자.

지금부터 소개하는 '올렸다 내렸다' 프레임워크는 타깃 고객의 모습이 어떤지를 찾거나, 상품이나 서비스 기능을 설정할 때 여러 상황에서 사용할 수 있는 사고법이다.

여기에서는 매출을 향상하기 위해 한 개의 식을 공통 언어로

〈도표 16〉 가치교환의 구조

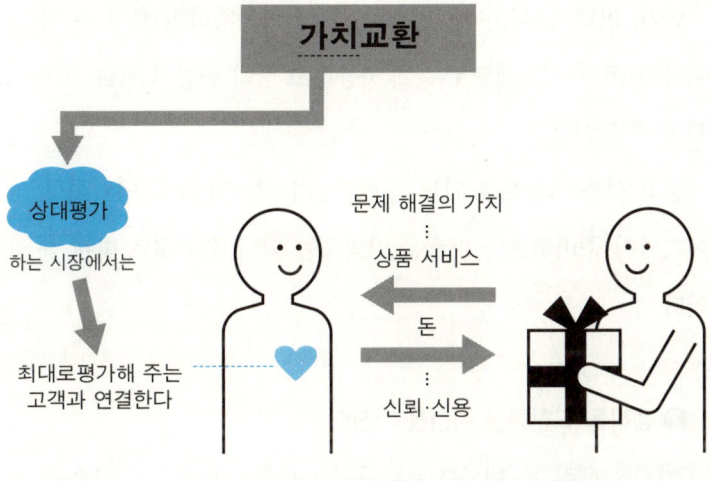

고객과 우리는 가치를 교환한다

사용해서 어떤 걸 예상할 수 있는지 조직의 지혜를 모으는 법을 소개한다. 보고 싶은 것만 보는 패턴에서 벗어날 것이다.

단가, 빈도, 고객 수를 올렸다 내렸다 한다

매출은 '단가×빈도×고객 수'라는 식으로 표현할 수 있다.

이 세 가지 밸런스를 확인하려면 단가, 빈도, 고객 수의 각 항목을 올렸다 내렸다 해본다. 그렇게 했을 때 어떤 영향을 끼치는지 다른 각도로 생각하며 멤버들의 지혜를 모은다.

❶ 모조전지 석 장을 준비한다

 단가, 빈도, 고객 수에 맞춰 각 한 장씩 준비하면 모두 석 장이다. 모조전지는 세로로 길게 사용하고 상하 중간에 선을 그어서 벽에 붙인다.

 중간 선을 기준으로 위는 '올린다', 아래는 '내린다' 영역이다. 여기까지 준비했으면 매출을 나타내는 식의 순서대로 벽에 붙인다.

❷ 생각을 표현하는 시간을 가진다

 '가격을 올린다', '빈도를 올린다', '고객 수를 올린다'와 같은 올리는 이미지를 먼저 생각하고, 그 후에 '단가를 내린다', '빈도를 내린다', '고객 수를 내린다'와 같은 내리는 이미지를 생각한다.

 '단가를 올린다'에서는 '이 정도 올릴 수 있다'는 숫자와 '여기까지 올리고 싶다'는 희망의 숫자가 나오고, 올리는 것에 대한 불안감과 어렵다고 생각하는 점 등 자유롭게 떠오르는 것을 각자 메모지를 사용해서 적어낸다.

❸ 모두 적어냈다면 메모지를 붙이고 팀과 공유한다

 모조전지의 중간선을 0으로 하고 가격대와 난이도를 판별해서 상하 모두 메모지에 순위를 매기면서 위치를 재배치한다. 예를 들면 현실적인 숫자는 중간선에 가까워지고, 희망 수치와 최악의 수치는 선에서 멀어진다.

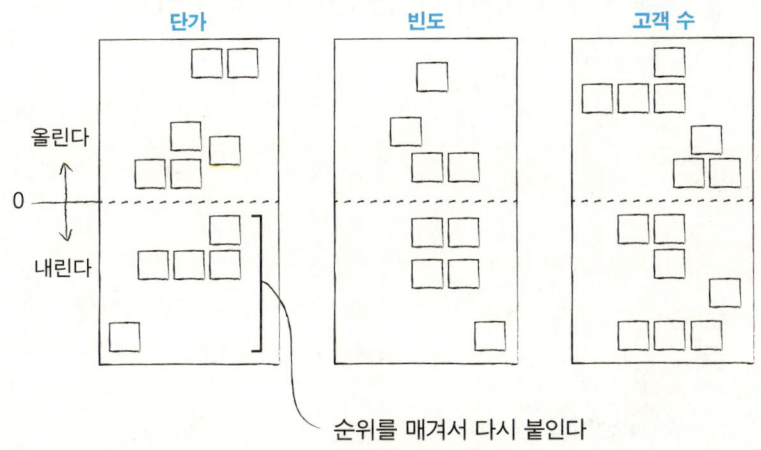

💬 밸런스를 찾아낸다

전체를 돌아보고 단가가 올라가면 빈도와 고객 수가 어떻게 영향을 받는지, 단가가 내려가면 어떻게 되는지, 빈도를 올리면 어떻게 되는지, 단가와 빈도의 변화 없이 고객 수를 늘리려면 어떠한 도전이 필요한지 등 조건을 만든다. 그리고 각각의 영향을 파악하고 우리의 가치가 잘 전달되는 밸런스를 찾아내자.

FRAMEWORK 10

발상을 전환하려면 역사, 시대의 흐름을 조사하라

💬 시대의 영향을 생각하라

스마트폰이 등장하자 새로운 상품과 서비스가 탄생한 것은 여러분도 알고 있을 것이다. 일에는 시대의 흐름과 함께 흥망성쇠가 있다. 외부 환경 요인은 사업에 큰 영향을 끼친다.

확신에서 벗어나서 발상을 전환하는 데 필요한 프레임워크에는 자사의 것에서 한 발짝 떨어져 '역사와 시대의 흐름을 보는' 방법도 있다.

저출산, 고령화, 글로벌화 등 매스미디어에 흐르는 키워드를 나열하는 것이 아니다. 여기에서 봐야 할 것은 자신들의 사업에 관한 것과 멤버 각각이 좋아하는 것을 통해 그 발전과 변화, 성장의 역사에서 시대를 보려는 시도다.

구체적인 이미지를 떠올릴 수 있도록 내가 경험한 사례 하나를 공유하겠다.

어느 고객이 멤버와 함께 자신이 운영하는 미디어 사업을 개선하고 싶다고 의뢰해 왔다. 아직 스마트폰이 등장하기 전이어서 휴대전화로 웹 서칭 등을 즐기고 있을 시기다.

프로젝트팀을 만나 처음 대화를 나눌 때 '과거에 이 접근 방식이 좋아서', '경쟁사가 ○○로 사용자를 늘리고 있어서'라는 식으로 과거의 연장선상에서 경쟁사를 흉내 낸 의견이 많이 나왔다.

그들은 좁은 범위에서 아이디어를 짜내려 하고 있었다. 나는 그들의 시야를 넓히기 위해 '최초의 미디어는 무엇이었나'를 조사하기로 했다.

💬 미디어의 역사를 조사하라

최초의 미디어는 극장이다. 사람들은 극장이라는 매체를 이용해 연극을 즐겼다. 극장은 그리스 시대까지 거슬러 올라가는데, 야외 구조물로 최대 2만 명이 앉을 수 있는 규모의 극장이 아직 남아 있다고 한다.

당시에는 전등 같은 조명이 없어서 횃불이 그 역할을 했다.

아마도 얼굴만 구별할 수 있는 정도가 아니었을까? 그 때문에 의상과 메이크업으로 배역을 표현하는 것이 아니라 노래와 연주라는 소리를 중심으로 그 차이를 표현했다.

그 후에 그리스도교의 영향으로 '연극은 사람을 현혹하는 악'으로 취급받아 시를 노래하는 나그네, 연주자가 각지를 방랑하는 시대가 이어진다. 그 후 도덕극과 종교극이 도입되어 교회가 극장을 대신하였다. 옥외 대규모에서 실내 소규모로 변한 것이다.

전문 극장이 생긴 것은 셰익스피어의 등장이 많은 영향을 끼쳤다. 소규모의 전문 소극장으로 관객과 무대의 거리가 가까워지고 의상과 메이크업도 배역을 나타내는 일부로 발전했다.

한참 시간이 흐르고 극장의 흐름은 영화관으로 옮겨간다. 필름 기술이 등장하여 상영 수도 상영 장소도 단숨에 늘어났다. 그리스 시대의 극장에 비하면 영화관의 규모는 작아졌다.

그리고 영상 데이터와 음성 기술이 발전하여 영화가 가정으로 파고든다. 텔레비전이 등장하고, 극장이 마침내 가정으로 들어왔다. 그 후 텔레비전의 보급, 비디오, PC, 휴대전화의 등장과 함께 오락을 즐길 수 있는 미디어(= 극장)가 마침내 사람의 손바닥 위로 온 것이다.

💬 시대를 보다

구체적으로 내용을 좁혀서 역사의 변화 추이를 수집하면 '어떤 변화가 일어나고 있는지' 파악하기 쉬워진다. 다음은 조사한 구체적인 정보에서 '무슨 일이 일어나고 있는지' 추상적인 요점을 보는 단계다. 극장의 역사에서 다음과 같은 사항을 알 수 있다.

- 야외 대규모 → 자신의 손바닥
- 많은 관객 → 한 사람으로
- 공연 시간과 장소의 제약 → 언제나, 어디서나
- 희미하게 보인다 → 확실히 보인다
- 차분히 즐긴다 → 세세하게 바뀐다

이러한 변화를 참고해서 이번 프로젝트에서는 시대 흐름을 어떻게 염두에 두어야 할지 정리하면 다음과 같다.

개별화   사용자 지정이 개인의 것으로 바뀐다
단시간화   장시간이 아니라 짧은 시간, 몰래 집어먹는 듯한 즐거움
모바일화   장소를 가리지 않고 어디에서나 휴대할 수 있는 가치

이 세 가지 경향이 점점 강화된다는 가설을 세우고 고객이 의뢰한 미디어 사업을 개선하는 데 필요한 아이디어를 내고 대책안을 만들었다.

시대의 흐름을 본 것이 주효하여 미디어 사업은 그 후 스마트폰의 등장에도 자연스럽게 대응할 수 있었다.

역사, 세계의 흐름을 조사하라

역사에서 흐름을 파악하는 것이 어떤 것인지 이해했을 것이다. 그러면 실제로 '역사, 세계의 흐름'을 파악하기 위한 프레임워크 방식을 3단계로 소개한다.

❶ 조사 대상을 정한다

3인 1팀으로 구성해 팀마다 조사하는 대상(= 테마)을 정한다. 앞서 얘기한 내 경험과 같이 사업이나 상품, 서비스에 관련 있는 것이 떠오르지 않으면 흥미와 관심이 높은 것, 예를 들어 멤버의 취미와 좋아하는 것도 괜찮다.

❷ 정보를 모은다

개별로 조사한 정보는 A4 용지에 정리해서 모은다. 이 용지를 잘라서 붙이고 이제 팀 차원에서 역사의 흐름을 정리한다.

함께 정리 작업을 하다 보면 정보 공유도 강해진다.

❸ 변화의 요점을 파악한다

역사의 흐름 속에서 어떤 변화를 보았는지 각자 메모지에 적어 낸다. '야외 대규모 → 자신의 손바닥'과 같이 떠오르는 모든 것을 적는다. 그리고 적어낸 메모지를 공유하고 그루핑한다.

이 그루핑으로 볼 수 있는 것은 어떤 변화인가. 그것이 역사의 변화, 흐름을 나타내는 키워드다. 이들 키워드를 발상의 방아쇠로 해서 자사의 사업에 필요한 개선점을 생각하자.

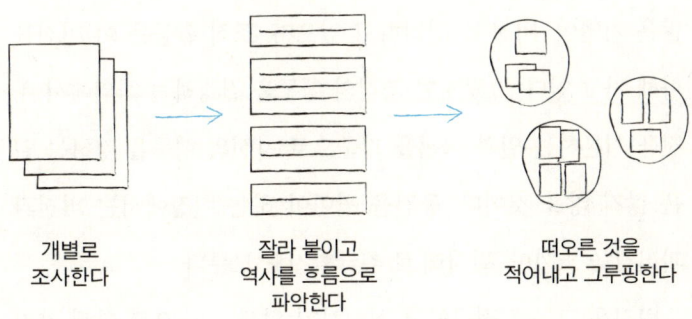

개별로　　　　잘라 붙이고　　　　떠오른 것을
조사한다　　　역사를 흐름으로　　적어내고 그루핑한다
　　　　　　　파악한다

FRAMEWORK

11 방향성을 맞추는 비전 보드를 만들어라

💬 비전을 조직에 침투시켜라

많은 기업이 '비전'을 정리하고 있으며, 조직 활동은 이 비전을 향해 가고 있다. 그렇지만 조직의 행동을 결정하는 회의에서 비전을 거론하는 일과 비전을 기준으로 자신의 행동을 정하는 일은 많지 않을 것이다. 물건을 팔아야 하는 현장에서는 비전과 괴리감을 느끼며 '겉치레'로 취급할지도 모른다.

 비전은 그곳에 접근하고 실현하기 위해, 그곳으로 향해 가기 위해 그리는 것이다. 현실과 떨어진 이상론이 아니라 일상에서 일어나는 일이 축적되는 연장선상에서 실현된다. 비전이 조직에 침투하고 그 비전을 근간으로 해서 행동하고 판단하는 조직은 방향성이 잘 맞다고 할 수 있다.

장기 프로젝트에서는 프로젝트 멤버와 함께 비전을 만들고 그 비전에 비추어 생각을 반복해서 방향성을 맞출 필요가 있다.

💬 비전이란?

비전을 공통 언어로 하기 위해 용어를 먼저 정의하겠다. 특히 비전, 미션, 가치(Value), 경영이념, 철학은 혼동하기 쉬운 말이다. 내가 사용하는 말의 정의는 다음과 같다. 사고 정리의 한 방법으로 참고하자.

비전	우리가 그리는 행복한 세계 이미지
미션	행복한 세계를 실현하려는 우리의 역할
가치	역할 속에서 발휘하는 우리의 쓸모
경영이념	경영이라는 것은 '이렇게 해야 한다'는 근본적인 생각
철학	조직 활동에서 우선하는 생각과 가치, 덕

💬 비전 재확인

비전은 조직 전체, 사업부, 프로젝트 등 대상이 되는 층에 따라 공유하는 방법이 다르다. 여기에서는 프로젝트 단위로 대처한다는 전제로 소개한다.

신규 개발이든, 기존 제품에 대한 개선과 개량이든 우리가 관련한 프로젝트에는 목적이 있다. 이 목적을 비전의 위치로 정하기 쉽지만 목적을 달성하려면 '어떤 행복한 세계를 실현할지'를 먼저 생각하는 것이 중요하다.

단시간에 근사한 향기를 즐길 수 있는 커피메이커를 개발하는 것이 목적이라면 비전은 어떤 것이 될까? 먼저 '그 상품과 함께한 생활은 어떤 행복한 세계를 실현하는가'를 생각해 본다.

'맛있는 커피로 하루를 시작하면 그 사람은 생활의 질이 높아져 웃음이 늘어난다'일 수도 있다. '주말 오후, 한 사람의 조용한 시간을 함께하는 맛있는 커피가 1주일의 피로를 풀어준다'일지도 모른다.

커피메이커를 판매하는 기업의 판매물은 '커피메이커' 그 자체가 아니다. 커피메이커라는 제품을 축으로 잡으면 이미지화하는 미래는 '커피메이커의 판매 수가 ○○대가 된다'는 수치 목표가 되어버린다.

그러나 판매는 커피메이커를 통한 체험이다. 고객이 그것을 체험했을 때 어떤 미래를, 어떤 세계를 그릴 수 있을까? 그것이 프로젝트 팀의 '비전'이다.

💬 재료가 되는 말을 모아라

그러면 프로젝트의 '비전 보드'를 만드는 프레임워크 방식을 소개한다. 우선 팀의 비전에 해당하는 단어를 수집한다. 그에 대해 프로젝트에 참가한 멤버는 어떤 이미지가 떠오르는지, 3단계로 그 말을 서로 알려주고 정리한다.

❶ 실현될 것을 생각한다

각자 메모지에 적어내는 작업이다. 자신의 프로젝트가 실현될 것을 상상하고 자유롭게 적어낸다. '웃는 얼굴로 출근', '한숨 돌린다', '매일 아침의 작은 사치' 등의 가치와 '도내 1만 명의 애호가', '독자 스팀 기술', '아로마 기준 감지 시스템' 등 판매 목표와 기능, 기술적인 관점이 혼재해도 상관없다.

❷ 공유한 후 분류한다

적어낸 메모지를 팀과 공유하고 이제 네 그룹으로 분류한다. 물론 그룹을 더 추가해도 된다.

- 수치 목표와 마케팅 목표
- 기능, 기술, 성분
- 고객이 얻는 체험

• 목표가 되는 이미지

❸ 모조전지에 정리한다

모조전지를 팀당 한 장씩 준비하고 가로로 길게 사용한다. 짧은 쪽을 3등분하고 선을 긋는다. 가로로 길게 상중하 3단의 영역을 만든다. 각 영역의 왼쪽 끝에 ❷에서 공유한 메모지를 붙인다. 상단은 고객이 얻는 체험, 목표가 되는 이미지, 중간은 수치 목표, 하단이 기능, 기술, 성분이다. 이제 비전 보드 준비를 마쳤다.

💬 비전 이미지로 전개하라

준비를 완료한 비전 보드는 벽에 붙인다. 그리고 상중하의 빈 공간에 비주얼적인 이미지를 구체적이며 선명하게 그려 의식에 활용한다.

도표를 그리는 방식은 조직의 성장과 자신의 꿈을 링크하기 위해 각각의 이미지에 가까운 것을 잡지 등에서 재료를 수집해서 붙여도 좋고 스스로 일러스트와 마크를 그리거나 중요한 말을 크게 써넣어도 된다. 팀 멤버와 함께 해보자.

모든 걸 마무리하면 이것을 프로젝트의 비전 보드로 하고 팀 멤버가 항상 볼 수 있는 장소에 붙인다. 이 비전을 보면서 프로젝트를 추진하는 것이다.

　　　　수집한 말　　　　　　이미지를 붙인다

FRAMEWORK 12 | 성공한다 치고 말하는 대화 스타일

💬 무책임한 단점 지적

어느 중견기업의 신규 사업개발 프로젝트 회의를 도왔을 때의 일이다. 회의 참가 멤버가 아닌 부장이 갑자기 나타나 금지된 행동을 시작했다.

그는 프로젝트 팀이 내놓은 아이디어를 하나씩 짚으며 "이것은 힘들다", "이것은 안 돼", "이것은 다른 곳에서도 비슷한 것이 있다", "재미가 없다"고 비판하며 "확실히 하라, 부탁이다"는 말을 남기고 회의실을 나가버렸다. 아이디어를 내는 단계에서 단점 지적은 절대 어울리지 않는 언행이다.

이와 같이 깊이 생각하지 않고 단점을 지적하는 사람이 있다.

단점 지적은 사실 난이도가 높은 행위다. 어울리는 장소에서 어울리는 말을 선택해서 하지 않으면 효과는 기대할 수 없다.

💬 세 가지 대화 스타일

새로운 아이디어를 내려면 모두 성공한다고 굳게 믿고 낙관적으로 구상해야 한다. 불확정 요소를 포함해서 모두 잘 된다는 조건에서 도표를 그리는 것이다. 어중간한 상태가 아니라 마음껏 낙관적으로 그려보고 리스크를 두려워하지 말고 즐겨야 한다. 결국 '바보가 되는' 자세가 중요하다.

나는 바보가 되기 위해 참가 멤버 전원에게 세 가지 대화 스타일을 체험하게 한다.

세 가지 대화 스타일은 2인 1팀으로 나누어 간단히 체험할 수 있다. 먼저 서로 마주 보고 의자에 앉는다. 책상 너머 저쪽이 아니라 반드시 몸을 서로 마주본다. 서로의 목소리가 들리고 스트레스를 받지 않을 정도의 거리를 둔다. 그리고 1번, 2번이라고 담당 번호를 정한다. 이것으로 준비 완료. 발상의 양이 증가하는 대화는 어떤 것인지 체감하고 재인식할 수 있다.

💬 'No!'

첫 번째 대화 스타일은 2번 사람이 1번 사람의 제안을 모두 즉시 부정하는 것이다. 실제로 다음의 순서로 3분간 체험해 보자.

❶ 1번이 2번에게 매력적인 제안을 한다

제안은 뭐든 괜찮다. '이것은 거부하지 않겠지' 생각되는 매력적인 제안을 하자. "일은 집어치우고 온천에 가시죠", "뉴욕에 쇼핑하러 가시겠습니까?", "홋카이도로 맛있는 해물덮밥을 먹으러 가요" 등 떠오르는 대로 계속 제안한다.

❷ 2번은 모두 즉시 부정한다

2번 사람은 팔짱을 끼고 찡그리며 1번 사람이 제안한 것을 하나씩 모두 "No!" 하고 즉시 부정한다. 이죽거리거나 고민하는 기색을 보여서는 안 된다. 이 작업은 진심으로 "No!" 하고 부정해야 효과가 높다.

❸ 1번은 부정당해도 다시 생각해서 계속 제안한다

각자 입장에서 어떤 느낌을 받았는지 기억해 두자.

💬 "그렇군요! 그렇지만……"

두 번째 대화 스타일은 1번 사람이 2번 사람의 제안을 받아들이고 나서 이유를 들어 거절하는 것이다. 이것도 다음의 순서로

3분간 시도해 보자.

❶ 2번이 1번에게 매력적인 제안을 한다

첫 번째 대화 스타일의 체험을 참고해서 2번 사람이 이것은 거절하지 않겠지 하는 매력적인 제안을 하자.

❷ 1번은 받아들이고 거절한다

2번 사람이 제안한 것을 1번 사람은 "그렇군요! 좋군요!" 하고 일단 받아들인다. 그리고 나서 "그렇지만, 그런데……" 하며 거절 이유를 전달한다. 예를 들면 "라스베이거스로 여행 가지 않을래요?" 하는 제안에 "좋아요! 그런데 저는 비행기를 잘 못 타요", "좋아요! 그런데 지난 주에 다녀왔어요" 하고 거절하는 이유를 명백하게 붙인다. 이것이 'Yes! But…'의 형태다.

❸ 2번은 거절당한 이유를 참고로 새로운 제안을 계속한다

여기에서도 느낀 것을 기억해 두자.

💬 "그렇군요! 그러면 거기에 더……"

마지막 세 번째 대화 스타일은 'Yes! And…'다. 1번 사람의 제안에 2번 사람이 제안을 덧붙인다. 제안이 얼마나 많아지는지 기

대하며 3분간 체험하자.

❶ 1번이 2번에게 매력적인 제안을 한다
매력적인 제안을 시작하자.

❷ 2번은 받아들이고 한층 더 덧붙인다
1번의 제안을 2번은 "그렇군요! 좋군요!" 하고 일단 받아들인다. 그러고 나서 '그러면 거기에……' 하고 더욱 매력적인 제안을 추가한다. 예를 들면 "라스베이거스로 여행 가지 않을래요?" 하는 제안에 "좋군요! 내친 김에 알래스카까지 가서 오로라를 보고 와요" 하고 추가적인 제안을 붙인다. 이것이 'Yes! And…'의 형태다.

❸ 1번은 2번의 추가 제안에 한층 더 새로운 제안을 추가한다.
서로에게 '자, 추가적으로'를 반복한다
여기에서도 느낀 것을 기억해 두자.

세 가지 대화 스타일을 체험하고 나서 각각 어떤 느낌을 받았는가? '즉시 부정', '이유를 안다', '아이디어가 샘솟는다'의 세 가지 대화는 커뮤니케이션의 기본형이다. 이 대화 스타일을 상황에 따라 구분해서 사용하면 커뮤니케이션을 개선할 수 있다.

💬 성공한다 치고 발상하라

이 세 가지 대화 스타일을 경험하면 '성공한다고 믿는' 발상·확산에 어울리는 프레임워크를 자연스럽게 알게 된다.

'바보가 되기' 위해 사용한 것은 다들 알아차린 대로 세 번째 대화 스타일이다. 있을 수 없는 것이 허용되면서 즐겁게 대화가 이어져서 발언량이 가장 많이 늘어났던 것은 아닐까?

'성공한다 치고 말하는' 세 번째 대화 스타일 'Yes! And…'를 신사업의 아이디어를 키우는 프레임워크로 활용하자.

다음과 같은 순서로 시행한다.

2인 1조가 되어 1번, 2번의 조합을 바꿔가면서 낙관적인 구상을 위한 사고 체험을 공유한다. 그런 다음 개별로 메모지에 아이디어를 적어내 팀의 발상을 모으자.

한 장의 모조전지를 가로로 길게 사용하고 발상을 모을 때 각자가 모조전지의 오른쪽 위가 가장 큰 성공, 왼쪽 아래가 작은 성공이라고 정하고 자신의 발상이 어느 위치인지 생각하며 메모지를 붙인다. 성공 스토리를 만들 수 있기 때문에 다른 프레임워크와의 조합이 쉽고 아이디어를 더욱 발전시킬 수 있다.

붙이면서 성공 스토리를 만들어간다

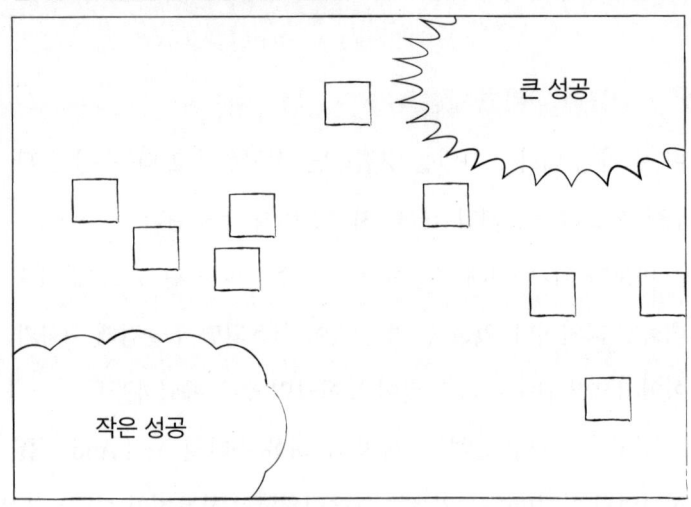

FRAMEWORK 13 | 주체성을 끌어내려면 말하는 법을 바꿔라

💬 말의 힘으로 의식을 바꾼다

건물 유지 관리업을 하는 한 경영자가 "우리 회사는 더러운 것을 취급하다 보니 젊은 사람이 입사하지 않는다. 직원의 고령화가 진행되고 있어 곤란하다"고 한탄했다.

한편으로 동일하게 건물 유지 관리업에 종사하는 다른 경영자가 있다. 업계 조건은 거의 동일하지만 "우리 회사 직원은 오피스 건물의 진단사입니다. 건물을 샅샅이 청소하기 때문에 건물에 조치를 취해야 하는 부분과 장소를 잘 압니다. 진단사로서 건물주의 부동산 가치에 공헌하는 것이지요" 하고 말한다. 이 회사는 직원의 고령화를 한탄하지 않는다.

이것은 실제 이야기다. 어느 회사에서 일하고 싶은가?

말에는 힘이 있다. 말하는 방식을 바꾸는 것만으로 같은 일을 하더라도 의식이 변한다. 이 작은 의식 변화가 조직의 브랜드 파워나 견고한 조직 문화로 발전한다. 이 예시와 같이 회사를 표현하는 말이 바뀌면 구성원의 행동도 바뀐다.

'어차피 우리는 하청이니까' 하고 스스로 과소평가하며 새로운 시도와 도전을 하지 않는 멤버가 회의에 참석했다면 우선 자기 이미지를 바꾸는 것부터 해야 한다. 주체성을 가지고 일하고 싶다면 생각하는 것, 이미지를 가지는 것에 대해 간과하지 말고, 한번 그것과 마주 대하는 시간을 가져보자.

💬 가치를 다시 본다

'말하는 방식을 바꾸는' 프레임워크로 조직 활동이 바뀐 사례를 소개한다. 모 교육기관을 리브랜딩하는 '학교 브랜드화 프로젝트'에 참가했을 때의 이야기다.

교육기관이므로 프로젝트 멤버는 대부분 교사와 교직원이었다. 교사는 자신의 일을 '학생에게 전문 영역을 가르치는 것'이라고 생각했고, 교직원은 '학생을 관리하는 것'이라고 생각했다. 각자 일에 대한 프로의식이 높고 매우 성실하며 겸허했다.

그들은 일에는 성실했으나 프로젝트 팀을 발족한 후 첫 번째 회의에서 "교사라서 브랜드는 잘 모른다", "교직원이어서 마케팅 부분은 잘 모른다"며 업무 영역과 지식을 걱정하는 모습이 눈에 띄었다. 이런 경우 말하는 법을 바꾸어 자기 평가, 자기 가치를 재검토할 필요가 있다.

💬 자기 평가 재료를 모은다

그러면 '말하는 방식을 바꾸는' 프레임워크를 어떻게 진행하는지 구체적으로 소개하겠다. 우선 가치를 재평가하려면 계기가 필요하므로 재료를 모아야 한다. 다음 3단계로 자기가 하는 일에 대해 어떻게 파악하는지 적어내 자기 평가를 점검하자.

❶ 자신의 일을 적어낸다

자신의 담당 업무와 역할에 구애받지 말고 교육기관으로서 자신이 하는 일에 대해 떠오르는 모든 것을 메모지에 3분 동안 적어낸다. ○○를 가르친다, 성적을 매긴다, 합격시킨다, 생활을 돌봐준다, 학비 납입 상담, 취업 모의 면접, 보호자 연락 등 여러 가지를 써낼 수 있다.

❷ 공유하고 그룹으로 나눈다

모조전지를 준비한다. 가로로 길게 사용하고 반으로 나누어 벽에 붙인다. 왼쪽에는 ❶에서 개별로 적어낸 메모지를 모두 붙이고 공유한다. 그리고 메모지를 그루핑한다. 이때 학력, 자격, 취직, 생활, 지원, 금전 등의 키워드로 그루핑한다.

❸ 고객이 원하는 것을 적어낸다

고객인 학생에게 무엇이 필요하다고 생각해서 ❶과 같이 적어냈는지, 학생이 원하는 것이 무엇인지 생각해 다시 개별로 3분 동안 적어낸다. 성공, 행복한 취직, 직업에 필요한 기술을 습득해서 안도감을 얻는 것, 자기 성장, 좀 더 좋은 사회인의 시작, 되고 싶은 사람이 되는 것, 일생의 친구와 조우, 거처, 인연, 유대 등 적어낸 메모지를 모조전지 오른쪽에 모두 붙인다.

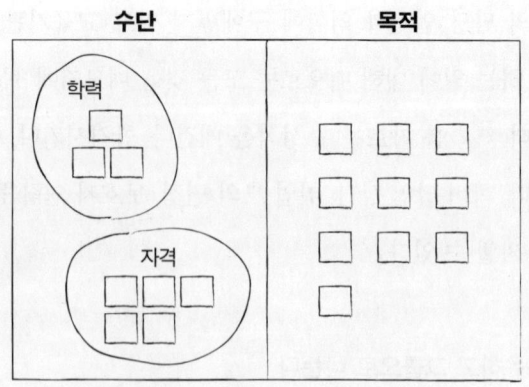

모조전지 좌우에 각각 적어낸 메모지가 붙어 있다. 왼쪽이 수단, 오른쪽이 목적이다. 이 목적을 바꿔 말하면 바로 실제로 우리가 종사하는 일이다.

💬 바꿔 말하면 다른 것이 보인다

모조전지 오른쪽에 모아놓은 '목적'을 보면서 '우리는 어떤 일을 하는 사람인지' 설명하는 문장을 만든다. 메모지 한 장에 한 가지 규칙을 지키면서 각자가 생각해서 쓰고 모조전지 근처 여백에 붙이면서 공유한다.

이 교육기관을 재검토한 결과 다음과 같은 설명문을 취합하였다.

다음은 학생 관점이다.
"스스로 자신이 없으며 장점도 없다고 생각했는데 이 학교에 다닌 후 선생님과 친구들의 응원으로 자신감이 생겼다. 이 경험이 내 인생의 보물이 되어 앞으로 사회에 나가서도 나를 지탱해줄 것이다."

다음은 교사 관점이다.
"우리는 학생이 전문가로서 사회에 나가 비상하도록 돕는다.

우리는 가르치는 사람이 아니라 교육으로 학생의 인생 만들기에 관계하는 집단이다."

이와 같이 각각의 설명문을 공유한 후 모든 멤버가 '우리는 어떤 일을 하는 사람인지' 정한다. 이 교육기관은 '우리는 학생의 인생에 관계하는 사람'으로 정했다.

그러면 '가르치는 사람 → 행복한 인생에 관계된 사람', '관리하는 사람 → 행복한 인생과 관련된 사람'이라고 바꿔 말함으로써 자신의 일을 다시 파악할 수 있다.

이 말이 나오기 시작했을 때 내부적으로 강하게 공감하기 시작했고 '우리는 행복한 인생과 관련된 사람이다'는 자신의 가치를 발견한 것에 자긍심을 느끼면서 프로젝트를 스타트했다.

자랑스러운 자신을 발견하고 주체성을 이끌어낸다. 이것이 이 프레임워크가 만들어낸 말의 힘이다.

FRAMEWORK 14
실행 단계에서는 비관적인 관점을 활용하라

💬 비관적인 반응도 사용하기 나름

어떤 사람은 새로운 발상이 필요한 자리에서 누군가 아이디어를 내면 그때마다 바로 부정하거나 단점을 지적하는 것이 일을 잘하는 것이라고 생각한다. 이런 비관적인 반응은 팀 멤버의 발상을 북돋우기는커녕 하고자 하는 마음을 없애고 '아무리 말해도 소용없다, 지시에 따르면 된다, 부질없는 짓은 이제 그만두자'는 상태를 만들기 쉽다.

비관적인 반응은 구상을 하거나 발상할 때는 백해무익하다. 이러한 반응은 오히려 '계획할' 때 중요하다.

그러면 회의 멤버로 누구를 선택해야 할까? 회의 멤버 선택은 내용과 아이디어 자체에 영향을 끼치므로 새롭게 시도하는 조건이라면 구상 단계와 계획 단계의 멤버는 신중히 선택해야 한다.

만약 프로젝트 멤버가 동일하다면 게스트 멤버라는 명목으로 프로젝트 멤버 이외의 사람이 참가할 수도 있다.

구상 단계에서는 낙관적인 관점에서 발언하는 타입의 사람, 밝은 분위기를 만들 수 있는 사람을 게스트 멤버로 참가시키자.

이후 구체적인 계획 단계에 들어가면 단점 지적과 분석이 특기인 비판적 관점으로 발언하는 타입에게 게스트를 부탁하자. 이런 사람은 리스크를 잘 파악한다.

💬 구상과 계획 단계에서는 다른 자세가 필요하다

구상이나 발상을 할 때에는 '일이 잘 되는 모습', '성공하는 미래', '기뻐하는 이미지'와 같은 이상을 그리지만, 이 분위기 그대로 실행 계획에 들어가면 예상되는 리스크 파악이 더디거나 리스크를 생각하지 못한 채 대충 계획을 세우게 된다.

계획은 실행할 수 있는 것이어야 한다. 분석적인 관점, 비판적인 관점에서 리스크를 파악하는 것도 필요하다.

관점과 사고의 버릇도 생각하기 나름이다. 구상과 계획, 단계를 의식적으로 분리해 놓고 멤버의 다양성을 잘 활용하자.

💬 받아들일 준비를 하자

비관적인 관점을 활용하고 발상을 계획으로 옮기는 데 도움이 되는 프레임워크를 설명하겠다. 이 프레임워크 방식은 준비, 정보 수집, 불안 리스트라는 3단계로 나뉜다.

준비 순서는 다음과 같다.

준비 : 정보를 수집할 준비를 한다

❶ 회의 멤버를 구성한다

구상 단계가 끝나면 분석 타입의 게스트 멤버에게 프로젝트 회의에 참석하도록 요청한다. 그들에게는 사전에 구상 단계의 자료를 보내 먼저 훑어보게 한다. 프로젝트 멤버는 계획을 사전 점검하는 의미에서 신경이 쓰이는 점을 게스트 멤버에게 확인받는 자세로 회의에 임한다.

❷ 자리를 배치한다

책상 없이 의자를 원형으로 놓는다. 참가 멤버는 예닐곱 명이 적당하다. 그중 두 명은 분석 타입의 게스트로 하자.

❸ 청취 용지를 준비한다

게스트 이외 멤버는 A4 용지 한 장을 준비한다. 긴 쪽을 3등분이 되도록 접으면 상중하로 내용을 적을 수 있는 칸이 생긴다. 이것을 세로로 두고 시작한다.

이것으로 준비를 마쳤다. 받아들이는 자세, 멤버 구성, 청취 환경을 준비했다면 정보 수집의 단계로 이동하자.

💬 등을 돌리고 듣는다

여섯 명 중 한 명은 게스트 멤버로 한다. 다섯 명은 구상 구축에 관여한 프로젝트 멤버다. 다섯 명은 이 구상의 포인트와 판매, 앞으로 일어날 미래상 등 자신이 지금까지 의논해 온 내용을 분담해 한 명씩 발표한다. 한 명씩 자신이 담당한 구상을 이야기하고 발표가 끝날 때마다 피드백 받는 순서를 반복한다.

정보 수집 : 비관적인 시점에서 정보를 모은다

❶ 구상을 이야기한다

구상 멤버인 A씨부터 시작한다. A씨가 모든 멤버의 얼굴을 보면서 구상을 이야기한다. 이야기가 끝나면 의자를 옮겨서 멤버에게 등을 돌리고 앉는다. 게스트 멤버 등의 대화를 등 뒤로 듣는 상태다.

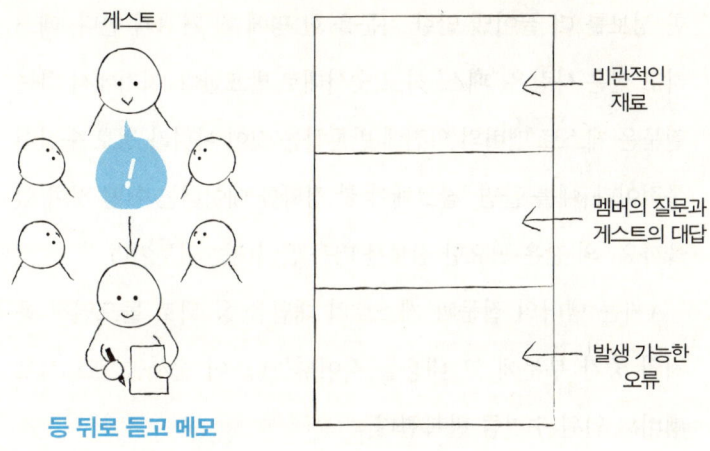

❷ 피드백을 받는다

등을 돌린 사람은 A씨뿐이다. 게스트 멤버의 이야기를 A씨 이외의 사람들은 얼굴을 맞대고 듣는다. "정확한 데이터가 없는데 애초에 이런 니즈가 있는지 의문입니다" 등 게스트 멤버는 솔직하게 느낀 점을 말한다. 얼굴을 맞대고 앉아 있는 멤버는 수긍하면서 마지막까지 열심히 듣는다. A씨는 그 피드백을 등 뒤로 들으면서 비관적인 관점에서 지적한 것을 용지의 상단에 적어넣는다.

❸ 게스트 멤버에게 질문한다

게스트 멤버의 지적이 끝나면 듣는 역할을 하던 멤버들은 필요한 정보를 더 끌어낼 만한 질문을 한 명에 한 가지씩 한다. 패스하고 싶은 사람은 "패스"하고 순서대로 발표한다. 여기에서 하는 질문은 게스트 멤버의 의견에 반론하는 것이 아니라 정보 수집이 목적이다. 예를 들면 "참고해야 할 정확한 데이터는 어떤 것이 있을까요?"와 같은 필요한 정보를 더욱 끌어내는 질문이다.

A씨는 멤버의 질문과 게스트의 대답을 등 뒤로 들으면서 용지의 중간 부분에 그 내용을 적어넣는다. 이 순서를 프로젝트 멤버의 인원 수만큼 반복한다.

이제 비판적인 관점에서 정보를 수집하였다. 이 정보로 '발생 가능한 오류'를 사전에 파악한다.

💬 발생 가능한 오류를 발견한다

회의는 정보 수집이 모두 끝나면 일단 끝낸다. 프로젝트 멤버는 각자 정보 수집의 단계를 끝낸 한 장의 청취 시트를 가지고 있을 것이다. 이것이 불안 리스트다.

불안 요소를 적은 용지를 참고하여 다음 회의까지 용지의 하단에 '발생 가능한 오류'를 찾아 적어넣는다. 예를 들어 다음과 같은 식이다.

- 상황이 좋은 데이터만 보고 일이 잘되고 있다고 믿는다.

- 고객 관점이 아니라 디자인에만 얽매인다.
- 차별화뿐이고 독자적인 강점을 고려하지 않는다.
- 고객 조사 결과 중 한 가지 의견만 개선 요소로 지나치게 강조한다.
- 가격 결정을 감으로 한다.

다음 회의에서 이 '발생 가능한 오류'를 팀과 공유하고 구상이 계획 단계로 넘어갈 때 사전 준비로 사용한다.

비관적인 관점을 꺼리지 말고 활용하여 가설의 정밀도를 높이자.

FRAMEWORK

15 사실과 감정을 파악해
어려운 지점을 고려하라

💬 '어렵다'는 말은 건전한 사고와 멀어지게 한다

많은 사람들이 회의하거나 협의할 때 '어렵습니다'는 말을 자주 사용한다. 일전에 모 건강식품회사의 경영자가 업무의 표준화에 대해 다음과 같이 상담해 왔다.

"업무 대응이 좋은 사람과 그렇지 않은 사람의 격차가 커서 회사로서는 잘하는 사람에게 업무가 편중될 수밖에 없다. 업무 성과가 안 좋은 사람에게는 몇 번이나 주의를 주지만 같은 실수를 반복하니 정말 어렵다."

모 웹사이트 제작회사의 경영자는 "디자인은 제작자의 감성이기 때문에 회사로서는 표준화가 어렵다. 무엇을 가르쳐야 좋을지 사람에 따라서 전혀 다르기 때문에 더 어렵다"고 컨설팅을 의뢰해 왔다.

모 광고 대리점의 영업부장은 "직원이 어이없는 실수를 자주 한다. 이제 어떻게 해야 좋을지, 어떻게 하면 개선될지 너무 어려워서 중도에 포기하고 만다"고 말했다.

"어렵다"는 말은 편리하지만 건전한 사고와는 멀어진다.

자신이 무엇을 어렵다고 느끼는지 구체적으로 파악해야 한다. 회의에서 "우리에게는 어렵다, 힘들다"는 부정적인 발언이 강해질 때, 어느 지점이 어려운지 명확히 짚고 넘어가는 사고 습관을 몸에 익혀야 한다.

💬 어려움을 파악하기 '개인 편'

어렵다고 느낄 때 진짜 무엇이 어려운지 파악할 수 있는 프레임워크 방식을 소개한다. A4 용지 한 장만 있으면 바로 할 수 있다. 다음과 같은 3단계를 참고해서 시도하자.

❶ '어렵다'고 느낀 사실을 취합한다

A4 용지를 가로로 길게 사용한다. 긴 쪽을 3등분해서 좌, 우, 중간의 세 칸을 만들면 준비가 끝난다. 용지 왼쪽에 최근 자신이 '어렵다'고 느낀 상황과 부닥친 사실을 떠올리면서 모두 적

어낸다. 예를 들면 'A가 청구서의 소비세 5%를 그대로 고객에게 제출했다', 'B의 디자인안에 클레임이 들어왔다', 'C가 스스로 하겠다고 했는데도 하지 않고 있어 주의를 주었더니 오히려 화를 낸다' 등과 같은 사실을 항목별로 적어보자.

❷ 자신의 감정을 관찰한다

항목별로 적어낸 사실을 하나씩 보면서 자신의 감정을 관찰한다. '어째서 그런 간단한 실수를 하는지 화가 났다', '도무지 이해할 수 없는 실수여서 화가 난다' 등 각각의 사실을 보고 느낀 점을 떠올려보자. 그것을 용지 중간 칸에 적는다.

❸ 어려움을 파악한다

마지막으로 오른쪽 공란에, 사실과 감정을 개선하려고 할 때 전체적으로 어떤 생각이 사태를 점점 어렵게 하는지 생각해서 써낸다.

사실 A가 청구서의 소비세 5%를 그대로 고객에게 제출함
감정 어째서 그런 간단한 실수를 하는 것인지 이해하기 어려움
어려움 주의를 주어 A를 바꾸려고 하는 것

이와 같이 사실과 감정의 정보를 재검토하고 자신을 어렵게 하는 것을 파악해 보자.

'사실, 감정, 어려움'을 모아서 전체적으로 보면 아마도 실현성이 낮다고 판단하여 자신이 '어렵다'고 생각한다는 것을 깨달을 것이다. 이 세 가지 관점의 세트를 잘 관찰하면 다음과 같이 실현 가능한, 실현성이 높은 아이디어가 떠오를 것이다.

실행안 원본으로 사용할 데이터를 하나로 만들어서 사용한다.

어려움을 파악하기 '팀 편'

개인이 아니라 팀의 어려움도 파악할 수 있다. 팀으로 진행하는 프레임워크를 소개한다. 팀으로 대응하는 업무에서 평소 '어렵다'고 느낀 점을 공유하여 실행 가능한 것으로 생각을 바꾸자. 이것도 개인 편과 동일하게 A4 용지를 한 사람당 한 장 준비하고 다음 3단계로 진행한다.

❶ 팀 멤버로서 '어렵다'고 느끼는 사실을 모은다

업무나 프로젝트, 특정 고객 대응 등의 팀 활동에서 하나의 테마를 설정한다. 각자 그 테마에서 '어렵다'고 느끼는 사실을 용지 왼쪽에 모두 적는다. 3분 동안 쓰고 서로 돌려보면서 내용을 공유하자.

❷ 어려운 사실에 대한 감정을 관찰한다

❶에서 팀 멤버로서 적어낸 어려운 사실에 대한 자신의 감정을 중간 기입란에 적어넣는다. 예를 들면 '1년간 제품 A의 매출을 개선하고 흑자가 되도록 요청받았다'는 사실이 있다면 이것에 대해 자신이 느낀 점과 멤버가 생각하는 것을 기입한다. '말은 간단하다', '무리한 요구다', '작년부터 계속 해왔지만 좋은 성과가 나오지 않는다'와 같이 느낀 그대로 적는다. 이것도 3분 동안 쓰고 서로 돌려보면서 내용을 공유한다.

❸ 어려움을 파악한다

사실과 감정을 관찰했을 때 어려움은 무엇일까? 자신의 용지 오른쪽에 적어넣는다.

예를 들면 다음과 같다.

사실 1년간 제품 A의 매출 개선, 흑자화를 요구받았다.
감정 말은 간단하다. 무리한 요구다. 작년부터 계속 해왔지만 성과가 없다.

어려움 1년간의 정책 목적이 모호한데도 계획을 세우려 한다.

세 가지 관점에서 모은 정보를 좀 더 관찰하면 어디가 어려운지 구체적으로 파악할 수 있고 실행 가능한 것을 발견할 수 있다. 예를 들면 다음과 같다.

실행안 제품 A에 대한 1년간의 정책 목적을 매출 수치 이외의 것으로 공유한다.

이와 같이 생각한 대로 실행되지 않는 현실을 '어렵다'고 한탄하면서 끝낼 것이 아니라 '사실'과 '감정'을 통해 프로젝트팀의 활동에 도움이 되는 실행 가능한 것을 찾아내자.

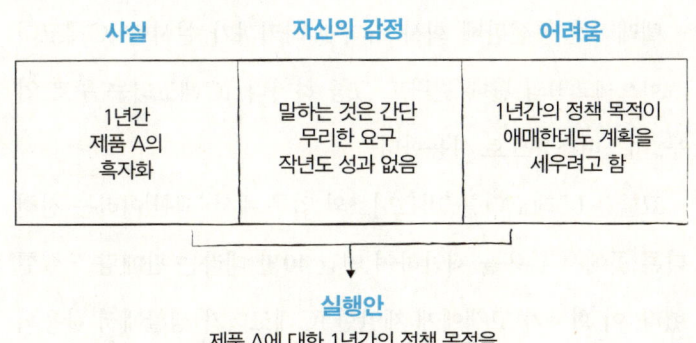

FRAMEWORK 16
부가가치를 찾아내려면 다른 장소에 놓아보라

💬 **상품의 가치를 바꿔라**

상품 자체에 독자성이 없더라도 판매 방법을 새롭게 고안하여 판매량을 늘린 에피소드는 많다.

텔레비전 통신판매 회사 자파넷 타카타가 실시한 IC레코더(보이스 레코더)의 판매 전략도 그중 하나다. IC레코더는 주로 업무, 비즈니스용으로 사용한다.

그들은 IC레코더를 '비즈니스와 업무'에서 '생활'이라는 전혀 다른 곳에서 활용을 제안하여 연간 40만 대라는 판매량을 실현했다. 이 회사가 고객에게 제안한 IC레코더가 생활에서 활용되는 예는 두 가지다.

- 병원에서 진찰을 받는 고령자가 의사의 말을 녹음한다.
- 직장에 출근하는 어머니가 메모 대신에 간식과 식사 등에 대한 메시지를 녹음하여 자녀에게 남긴다.

이와 같은 활용 예를 제안하자 새로운 고객과 연결되어 판매량이 대폭 늘어났다.

상품과 서비스를 판매할 때 우리는 무의식중에 그 기능과 특성을 설명해 버리고 만다. 비교되는 상품이 있다면 그것과 어디가 다른지 강조한다.

그러나 고객의 활용 니즈와 문제를 해결하려는 욕구를 결합하면 상품 가치 그 자체를 바꿀 수 있다.

'무엇을 탑재하고 있는가' 하는 기능과 사양이 아니라 '어떤 것이 가능한가' 하는 용도와 활용이 스토리로 전달될 때의 가치가 중요하다.

💬 다른 상황에 두고 가치를 발견하라

앞서 소개한 에피소드와 같이 이미 출시한 상품도 가치를 바꿀 수 있다. '다른 장소에 놓아보는' 프레임워크를 사용해서 다르게 활용해 새로운 부가가치를 발견해 보자.

먼저 준비할 사항은 이 프레임워크에 착수할 상품이나 서비스의 기본 가치를 확인하는 것이다.

준비

❶ 기본 가치(기능 가치)의 확인

멤버들은 자사의 상품과 서비스의 기본 가치를 어떻게 생각하는지 메모지에 적어보자. 기본 가치는 상품과 서비스에서 그것을 삭제하면 상품과 서비스 그 자체가 성립하지 않는 것을 말한다. 기능 가치라고도 한다.

IC레코더라면 '반복해서 녹음할 수 있다', '재생도 반복할 수 있다', '손쉽게 가지고 다닐 수 있는 크기다' 등을 들 수 있다.

만약 대상 상품이 청소기라면 기본 가치는 먼지를 빨아들이는 것이다. 이 작업이 끝나면 멤버가 적어낸 메모지를 모두 모조전지에 붙이고 공유한다.

❷ 세 가지 축으로 확인하라

이제 기본 가치에 관해 사람, 장소, 체험의 세 가지 축을 두고 생각한다. 모조전지를 가로로 길게 사용하고 긴 면을 3등분으로 접어 칸을 만든다. 왼쪽부터 사람, 장소, 체험의 순으로 설정하자.

❸ 기본 가치를 보면서 작업하라

　기본 가치와 세 가지 축을 메모한 모조전지를 벽에 나란히 붙이자. 이후 세 가지 축을 적는 작업은 모조전지에 붙인 기본가치 메모지를 보아가며 진행한다. 멤버 전원이 이 모조전지가 보이는 장소로 이동하자.

　이것으로 모든 준비를 완료했다. 발상의 단계로 이동하자.

발상

❶ 사람을 축으로 적어낸다

　우선 사람부터 시작하자. 고객으로 상정했거나 상정하지 않은 사람을 모두 적어낸다. 여자, 남자라는 성별보다는 일하는 어머니, 주부, 학원을 다니는 아이와 같이 '어떤 사람'인지 의식해서 3분 동안 적어내고 모조전지의 왼쪽 칸에 붙인다.

❷ 장소를 축으로 적어낸다

　기본 가치로 생각되는 장소를 떠오르는 대로 적어낸다. 앞서 예로 든 청소기라면 '빨아들인다'는 기능이 필요한 장소로 방, 차 안, 모공의 더러움, 지방 등이 떠오른다. 적어낸 메모지는 중간 칸에 붙여서 공유한다.

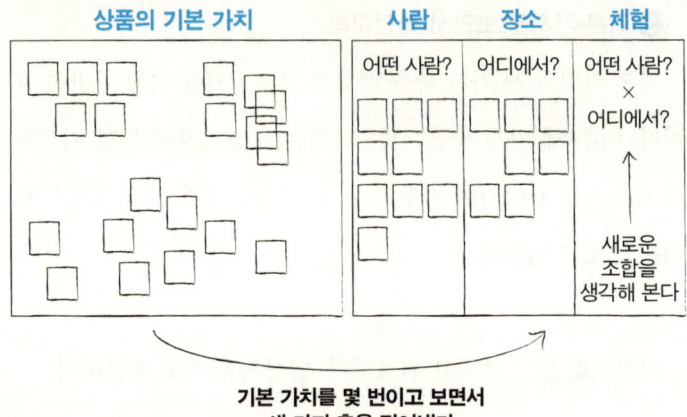

기본 가치를 몇 번이고 보면서
세 가지 축을 적어낸다

❸ 체험을 생각한다

세 가지 축의 모조전지, 즉 사람의 메모지와 장소의 메모지를 재료로 사용하여 지금까지와 다른 결합을 생각한다. 이 결합으로 어떤 체험 스토리가 떠오르는지 각자 메모지에 적어보자. 앞선 두 축에서 '사람×장소'를 골라서 메모지 윗부분에 쓴다. 그리고 그 아래에 그 결합으로 창조한 체험 스토리를 덧붙인다.

새로운 고객과 장소를 결합한 '다른 상황에 놓아보는' 프레임워크를 사용하면 제품의 기본 가치가 아닌 부가가치를 발견할 수 있다.

FRAMEWORK

17 | 예상 밖의 상황을 방지하는 '일어나선 안 되는 일'

💬 **생각지 못한 사태를 초래하는 숨기고 싶은 사실**

정보 공유가 후순위가 되어 생각지 못한 사태를 초래하는 일이 종종 있다. "왜 빨리 말하지 않았나!" "어째서 이렇게 되었지!" 하고 외쳐보지만 대부분은 조치에 급급해서 "다음부터 주의해!" 하는 한마디로 끝내고 만다.

여기에서 골치 아픈 것은 그런 사태를 부른 '정보의 지연'이다. '숨기고 싶다'는 무의식적인 두려움으로 공유가 늦어졌을지도 모른다. 그러므로 보고와 공유의 우선순위와 긴급성을 헤아릴 줄 알고 자신의 기분보다 전체를 우선하며, 개인의 능력에 편중하지 않고 팀으로서 행동하는 구조가 중요하다. 특히 새로운 시도라면 사전 대처를 예상하고 준비해야 한다.

　내가 경험한 바에 따르면, 새로운 것이 두 가지 이상 겹치면 일어나서는 안 되는 일이 일어날 확률이 높다. 예를 들어 새로운 멤버와 신규 사업을 시작한다고 하자. 이것만으로도 조합이 두 가지다. 이와 같이 '새로운 것'이 두 가지 이상일 때는 '일어나서는 안 되는 일' 프레임워크를 사용할 것을 추천한다.

　'일어나서는 안 되는 일'을 예상하고 그것을 사전에 공유하여 관련 정보를 확실히 취합하는 구조를 확립하자. 이것이 바로 리스크에 대처하는 방법이다.

💬 '일어나서는 안 되는 일'을 방지하라

이제부터 '일어나서는 안 되는 일'을 예상하는 프레임워크를 소개한다.

　오우미 상인은 지금의 시가현 부근의 상인들인데 그들의 '산보요시' 사상을 기준으로, '누구에게' 일어나서는 안 되는 일인지 파악해 본다. 산보요시 사상은 파는 사람뿐만 아니라 사는 사람의 기쁨과 만족, 더 나아가서는 세상의 발전과 사회에 공헌하는 것으로 '파는 사람 좋고 사는 사람 좋고 세상도 좋아야 한다'는 사상이다. 이 '산보요시'를 참고하여 '일어나서는 안 되는 일'을 세 가지 관점에서 생각해 보자.

정보 수집

❶ 판매자의 관점에서 적는다

판매자인 우리에게 일어나서는 안 되는 모든 일을 적어보자. 개별 작업이므로 메모지 한 장에 한 가지 규칙을 지켜서 떠오르는 것을 적는다.

예를 들어 기초화장품을 담당하는 팀이라면 상품 회수 소동, 고객의 신용을 잃음, 재고 증가, 클레임 대응에 쫓김, 판매시기 지연, 높은 불량률, 반품 대응에 쫓김, 미지불 청구가 쏟아짐 등이 있을 수 있다.

❷ 구매자의 관점에서 적는다

다음은 고객의 관점, 즉 구매자에게 일어나서는 안 되는 일을 생각한다. 피부가 거칠어짐, 홍조가 생김, 피부가 얼룩덜룩해짐, 입술이 부음, 반품 대응이 지연됨, 품절, 전화 대응이 나쁨, 설명이 이해하기 힘듦, 포장지가 버리기 어려움, 사망자가 나옴 등이 있을 수 있다.

❸ 세상의 관점에서 적는다

마지막으로 세상의 관점에서 기업의 사회 공헌성과 공적인 책임뿐만 아니라 관련 기업과 환경을 위한 배려 등도 생각해 보

자. 업계의 신용도 하락, 관련 기업 도산, 탈세, 종업원 정리해고, 환경오염, 동물실험 등이 있을 수 있다.

이와 같이 세 가지 축으로 작성한 모든 메모지를 모조전지에 붙여서 공유한다. 세 가지 축별로 모조전지 한 장을 준비해서 가로로 길게 배치하고 긴 면을 반으로 접는다. 각 모조전지의 왼쪽에 개별로 쓴 메모지를 모두 붙이고 공유한다. 이것으로 '일어나서는 안 되는' 모든 정보를 모았다.

여기까지만으로도 충분히 도움이 되지만 한발 더 나아가 대처방안을 모으는 방법을 소개한다.

대처방안을 취합한다

❶ 담당을 정한다

석 장의 모조전지 오른쪽 칸에 취합한 메모지를 그룹으로 나눈다. 다 나누고 나면 그룹에 이름을 붙인다. 그리고 그룹마다 담당자를 정한다.

❷ 해결책과 대처방안을 생각한다

자신이 담당한 메모지 그룹의 '일어나서는 안 되는 일'이 일어나지 않도록 무엇을 할 수 있는지 해결책과 대처방안을 생각한다.

현장에서 부딪히는 것이 중요하므로 이 작업은 회의로만 끝낼 것이 아니라 반드시 현장에 돌아가 관찰하거나, 업무를 처리하면서 계속한다.

'관리 온도 변화에 따른 상품의 열화 실험 설정을 세세하게 나누자'와 '영업 멘트가 과장되지 않도록 시나리오를 본부에서 작성한다'와 같이 구체적인 대처방안을 생각해서 메모지 한 장에 한 가지 규칙으로 작성한다.

❸ 우선순위를 정한다

일상 업무 중 작성한 메모지를 모조전지의 오른쪽에 붙이고 팀과 공유한다. 그리고 실행 우선순위를 정해서 오른쪽 칸의 메모지를 옮겨 붙인다. 우선순위가 높은 것을 위에, 낮은 것을 아래에 붙이는 방법으로 우선순서를 정하자.

각 모조전지에서 우선순위가 높은 순으로 세 개는 가장 중요한 것으로 인지하고 어떤 상황에서도 정보를 공유할 수 있도록 팀에 약속한다.

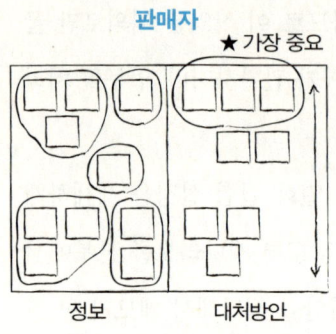

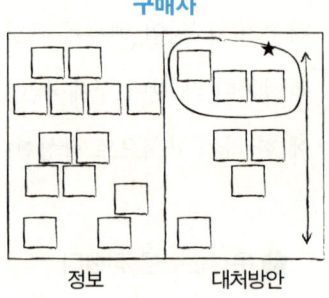

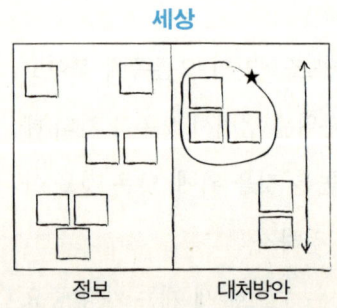

FRAMEWORK ★★★

18 상식의 틀에서 벗어나려면 뒤집어보라

💬 상식을 뒤엎는 발상

피라미드형 조직도를 본 사람은 많을 것이다.

제일 뾰족한 정점에 위치한 경영층, 그 아래가 관리·매니저층, 그리고 그것을 지탱하는 것이 종업원·스탭층이고 그 아래가 현장과 접하는 고객·소비자층이라는 4층의 피라미드다.

이것을 뒤집어본 인물이 있다. 독일인 경영자 칼 알브레히트는 《역 피라미드》에서 사업을 위한 사고방식을 기술했다. 이 책에서 그는 뒤집어봄으로써 "기업에 중요한 것은 고객이고 고객만족을 만드는 것은 고객 접점인 현장이다"는 뜻을 전했다. 피라미드를 거꾸로 하여 고객만족을 향상시키는 새로운 시대의

〈도표 17〉 역발상 피라미드

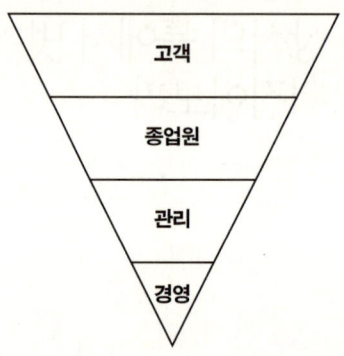

판매자에서 고객으로, 사업의 관점을 바꾼다

조직 활동을 나타낸 것이다.

천동설이 지배하는 시대에 지동설을 주장한 갈릴레오 갈릴레이는 '상식을 뒤집는다'는 것의 대표 주자다. 상식을 뒤집는 것만으로 대담한 관점에서 새로운 발상을 할 수 있다. 상품과 서비스의 발상도 상식을 뒤집어 보면 지금까지 없던 존재를 창출할 수 있다.

💬 '뒤집어서' 상식에서 벗어나다

그러면 '뒤집어 보는' 프레임워크를 소개하겠다. 우리가 취급하고 있는 상품이나 서비스도 상식의 반대를 생각하는 것으로 새로운 가치를 창출할 수 있다. 우리의 상식을 의심하는 것에서부터 발상의 틀을 벗어나보자.

❶ 우선 상식을 적는다

자사의 상품과 서비스를 테마로 설정하고 생각한 것을 적어낸다. 예를 들어 '세탁기' 하면 다음과 같은 상식이 떠오를 것이다.

- 물로 빤다
- 세제가 필요하다
- 설치 장소가 필요하다
- 전자동 세탁
- 세탁기가 돌면서 더러움을 씻어낸다
- 손빨래 표시 옷은 빨 수 없다
- 세탁조의 곰팡이
- 옷감이 상한다
- 크다
- 가지고 다닐 수 없다

적어낸 상식을 팀과 공유하자. 같은 내용은 하나로 합치거나 대표로 한 장만 뽑는다. 정리가 끝나면 가로로 길게 놓은 모조전지의 왼쪽에 세로로 정렬해 붙인다.

❷ **반대를 그룹으로 생각한다**

각 상식의 반대를 그룹으로 생각해서 키워드를 정해 메모지에 적는다. 그리고 ↔를 모조전지에 적어넣고 서로 대응하는 메모지를 좌우로 배치한다. 앞서 예로 든 세탁기는 다음과 같이 된다.

- 물로 빤다 ↔ 물 없이 빤다
- 세제가 필요하다 ↔ 세제가 필요 없다
- 설치 장소가 필요하다 ↔ 장소가 필요없다
- 전자동 세탁 ↔ 빨지 않는다
- 세탁기가 돌면서 더러움을 씻어낸다 ↔ 세탁기가 돌지 않는다
- 손빨래 표시 옷은 빨 수 없다 ↔ 손빨래 표시 옷도 빨 수 있다
- 세탁조의 곰팡이 ↔ 곰팡이 없음
- 옷감이 상한다 ↔ 상하지 않는다
- 크다 ↔ 작다
- 가지고 다닐 수 없다 ↔ 가지고 다닐 수 있다

❸ 반대 이미지를 확대한다

세트인 반대 이미지를 이용해 새로운 상품과 이미지를 그리거나 개선과 개량의 힌트로 활용하기 위해 좀 더 고민하고 발상하는 시간을 가진다. 우선은 혼자서 해본다. 반대를 조합해서 생각하는 것도 좋다.

💬 생각이 끝나면 조사한다

팀은 반대 관점을 활용해서 발상한 아이디어를 취합하고 모조전지의 오른쪽에 붙인다. 발상한 사람이 보충 설명을 해서 이미지의 공유 정도를 높인다. 그리고 담당을 정한 뒤, 세계에서 아직 출시된 적이 없는지, 닮은 것이 있는지, 필요한 기술은 무엇인지 등을 구체적으로 조사하고 다음 회의까지 자료를 공유한다.

나는 '가지고 다닐 수 있는 작은 세탁기, 여행지에서 손쉽게 사용할 수 있다'를 생각했다. 검색해서 조사하니 독일인 기업가가 세계에서 제일 작은 세탁기 Dolfi를 제품화했다. 발상의 전환이다.

여담이지만 이 '발상의 아이디어 조사'는 이 프레임워크뿐만 아니라 가설의 선택과 정밀도를 높일 때도 유용하다. 다른 프레임워크에서도 활용해 보자.

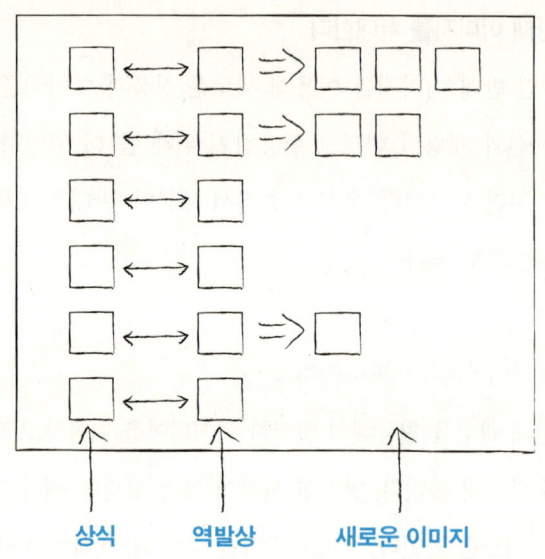

FRAMEWORK ★★★

19 | 이미지를 연상하여 '고객'이 되어보라

💬 고객에게 기억되다

우리의 잠재 고객을 A씨라고 하자. A씨는 매일 많은 정보와 접촉한다. 집에서는 SNS와 인터넷 뉴스, 텔레비전 광고, 밖에 나가면 간판·광고·쇼윈도, 전철을 타면 차내 광고와 전자 간판, 무의식중에 '이 상품은 좋습니다' 하는 제안에 노출되고 있다.

이런 상황에서 A씨가 우리를 기억할 수 있도록 하려면 무엇을 해야 할까? 소규모 비즈니스는 대기업처럼 넓은 범위에서 한 번에 많은 양의 광고를 낼 수 없다. 따라서 A씨가 적극적으로 나서게 해야 한다.

그러려면 불명확한 영역에 관심을 둘 것이 아니라 A씨가 우리에게 흥미를 갖게 해야 한다. '니즈의 적극화'가 일어나면 A씨는 자발적으로 우리 상품과 서비스를 이용한다.

그것을 찾기 위해 'A씨의 마음속에 있는 어떤 이미지와 연결해야 우리에 대한 흥미로 이어질까' 생각해 보자. A씨가 품은 이미지를 활용하는 것이 '신뢰, 신용'을 뿌리내리는 첫걸음이 된다.

이미지는 많은 관련 키워드와 정보가 연결된 네트워크다. 어떤 계기가 어떤 이미지를 솟아나게 하는지, 그 연상과 연결을 관찰하면 조사할 수 있다. 이 연상, 연결을 조사하는 방법을 네트워크 연상법이라고 한다.

💬 어떤 사람인지 설정한다

이제 '그 사람이 되는' 프레임워크를 소개하겠다. 자신 이외의 누군가가 될 준비를 하자.

네트워크 연상을 하기 위해 '어떤 사람'이 될지를 설정한다. 다음 3단계를 거쳐 팀원 간에 무의식적으로 가지고 있는 고객 이미지의 격차를 줄여나가자.

❶ 고객 이미지를 생각한다

'우리 고객은 40대 여성으로 회사원이고 쉽게 다이어트하기를 원한다'와 같이 막연히 설정한 고객의 속성을 팀의 공통 언어로 다루려면 한 사람의 인격을 구체적인 이미지로 떠올려야 한다.

우선 개별로 고객 이미지와 관련한 정보를 적어보자. '우리 고객은 이런 사람'이라는 요소를 모은다.

부모님과 생활, 미혼, 연수입 5,000만 원, 영양제에 월 5만 원을 사용, 여성 호르몬을 걱정한다, 여행 가이드북의 정보를 좋아한다 등 속성과 가치관을 상상하면서 메모지에 적는다.

❷ 고객상을 공유한다

모조전지를 가로로 길게 두고 긴 면을 반으로 접는다. 개별로 적어낸 메모지를 반으로 나눈 모조전지의 왼쪽에 붙여 공유한다. 메모지를 간단히 그룹으로 나누고 "이런 사람이었군!" 하고 서로 이야기하며 공감을 강화해 간다.

❸ 고객상을 구체화한다

메모지에 쓰인 고객 이미지의 요소를 이용해, '어떤 사람인가?' 구체적인 이미지를 그려보자. '연예인을 예로 들면 누구?' '동물을 예로 들면?' '꽃이라고 하면?'과 같이 구체적인 사람과 사물로 다시 한 번 팀 내 고객 이미지의 격차를 줄여간다.

💬 그 사람이 되어 연상한다

고객 이미지를 모두 공유했다면 네트워크 연상을 시작한다. 3인 1팀이 되어 브레인라이팅의 기법(58페이지 참조)을 응용해 스스로 고객이 되었을 때 연상되는 이미지를 발상한다.

준비물은 A4 용지와 검은색·빨간색·파란색 펜이다. 종이는 한 사람당 석 장, 한 팀에 모두 아홉 장이다. 펜은 한 사람당 세 가지 색으로 준비한다.

연상은 모두 3세트로 진행한다. 먼저 세 개의 카테고리를 설정하고 그것과 관련 있는 키워드를 다시 세 개씩 설정한다. 예를 들어 상품이 안티에이징 목적의 콜라겐 음료라고 하면 다음과 같다.

> **네트워크 연상 카테고리와 키워드**
> - **직결 키워드** : 젊음, 미용, 건강
> - **느낌** : 자랑스러움, 즐거움, 자신감
> - **원하는 것** : 아름다운 피부, 여성스러움, 친구

〈도표 18〉처럼 가로로 긴 용지의 정중앙에 하나의 키워드를 한 장에 적어넣고 동그라미를 친다. 이것으로 네트워크 연상의

준비가 끝났다. 이어서 '그 사람이 되어' 연상을 전개하자. 다음과 같이 3단계로 진행한다.

❶ 가장 먼저 '직결 키워드'를 연상한다

세 명이 한 장씩 다른 키워드가 쓰인 용지를 앞에 둔다. 각자 그 키워드가 고객의 마음속에서 다른 어떤 키워드와 연결되고 있는지 고객이 되어 상상하면서 키워드를 파생해 나간다. 우선은 직결 키워드를 연상하자. 계속해서 느낌, 원하는 것을 연상한다.

이때 주의할 것은 플로우 연상이 아니라 '네트워크 연상'이라는 것이다. 플로우 연상은 다음과 같이 앞의 단어를 보고 하나씩 연결하는 연상이다.

개구리 → 뛰다 → 토끼 → 희다 → 눈 → ……

이 연상으로는 이미지군을 관찰할 수 없다. 〈도표 18〉과 같이 하나의 키워드에서 여러 이미지가 파생되거나 다른 키워드와 연결되는 네트워크 연상을 의식해서 적어보자.

❷ 3분 동안 적어내고 시계 방향으로 용지를 돌린다

내 앞에 오른쪽 멤버가 적은 용지가 온다. 이미 기입한 네트

〈도표 18〉 네트워크 연상의 예

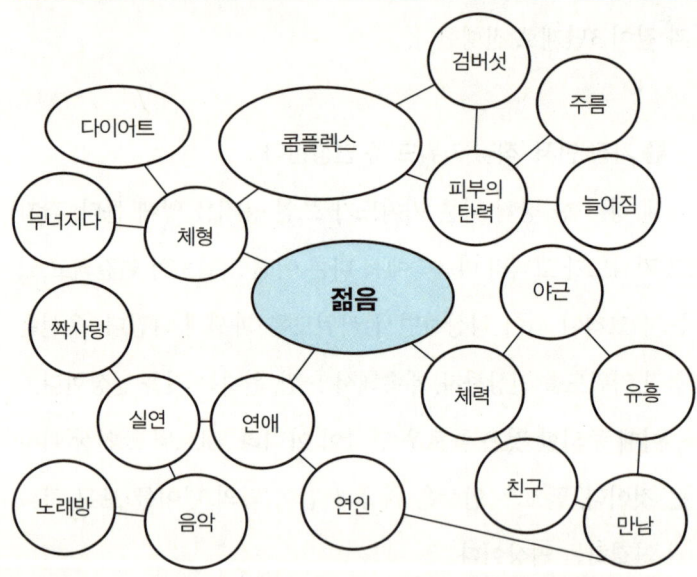

'젊음'을 중심 키워드로 하면 이와 같은 연상이 연결된다

워크 연상에 새롭게 덧붙인다. 이것을 반복해서 돌리고 자신이 시작한 용지가 다시 돌아오면 종료한다.

이렇게 돌려보면 개인의 발상이 아니라 팀의 발상으로 발전한다. 서로의 결과물을 활용하는, 즉 타인의 발상과 자신의 발상을 조합하는 구조다.

❸ 다시 손질한다

다시 돌아온 네트워크 연상을 관찰하고 각자의 책임에서 걱정되는 부분을 빨간색 펜으로 동그라미 치거나 네트워크 라인을 늘리거나 다시 손질한다. 그리고 파란색 펜으로 자신이 느낀 점을 적어넣는다. 마무리는 3분 동안 진행하고 팀 전체에 결과를 공유한다.

이것을 세 개의 카테고리로 진행하면 고객의 마음속에서 어느 키워드가 강한 인상과 결부되는지, 필요한 것과 원하는 것은 무엇인지, 그 사람이 되어 이미지 군을 파악할 수 있다. 이것들은 우리가 그 사람의 마음속에서 어떤 이미지 군으로 떠오르는지에 대한 자료가 된다.

4장

회의를 창의적으로 만드는 프레임워크

수렴·집약편

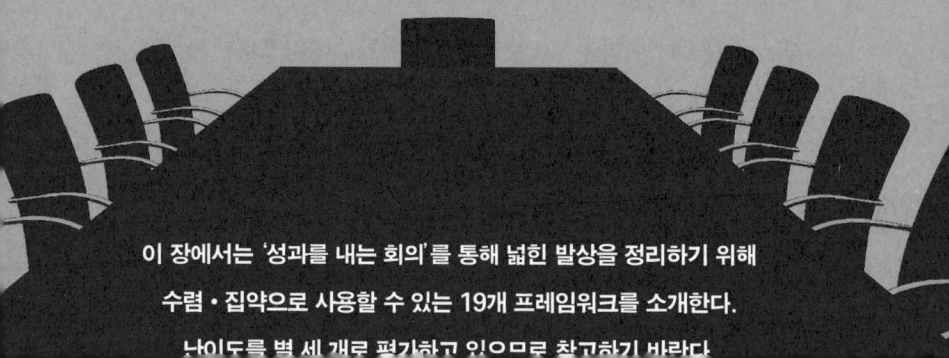

이 장에서는 '성과를 내는 회의'를 통해 넓힌 발상을 정리하기 위해
수렴·집약으로 사용할 수 있는 19개 프레임워크를 소개한다.
난이도를 별 세 개로 평가하고 있으므로 참고하기 바란다.

FRAMEWORK 20 | 지향하는 본질을 은유로 이야기하라

💬 은유의 힘

우리는 팀과 조직이 어떤 행동을 실행하면 좋을지, 그것을 구체적으로 멤버와 종업원에게 이미지화하기 위해 메타포(은유)를 찾는다. 메타포의 철자는 metaphor다. 이 말은 meta(넘어서)와 pherein(옮긴다)이라는 그리스어가 기원으로 아리스토텔레스 시대까지 역사를 거슬러 올라가는 기법이다.

일반적으로 '은유'로 번역하지만 나는 회의에서 메타포를 무언가 다른 것으로 '예를 들다, 비유하다'라는 의미로 사용한다. 비유를 사용하면 알기 쉽고 신선한 관점으로 이해시킬 수 있으며 우리에게 필요한 행동을 분명히 할 수 있다.

메타포를 사용한 유명인으로 애플사의 스티브 잡스가 있다. 그는 '포르셰'를 메타포로 사용해서 자신이 종업원에게 요구하는 이상적인 이미지를 의식에 침투시켰다.

"우리는 포르셰다."

이 말은 애플사의 직원들이 자사의 제품 수를 줄이고 높은 품질, 높은 디자인을 실현하도록 순식간에 해야 할 일을 이미지화시켰다. 회사가 무엇을 중요하게 생각하는지, 무엇을 우선하는지, 어떤 행동을 장려하는지 등 많은 의미를 내포한다. 최종적으로 '어떻게 존재하고 싶은가'에 대해, 관련된 사람들 모두 구체적으로 해석할 수 있도록 도와준다.

메타포를 사용하지 않고 말하면 말수만 늘어날 뿐 구체적인 이미지를 그리기 어렵다. 구체적으로 이미지화할 수 있다면 그것은 개인의 생각에 강한 영향을 준다.

스티브 잡스의 포르셰 메타포를 받아들인 직원들은 '포르셰다우려면 무엇을 해야 하는가'를 생각하고 자신이 맡은 일과 업무를 메타포로 생각한다.

예를 들어, 디자이너라면 자신의 일을 포르셰에 비유해서 디자인 작업을 반복해서 시도할 것이다. 영업은 주문 접수 방식을 개선할 수도 있다. '포르셰'라는 메타포가 일의 판단 기준이 되고, 그렇게 존재하기 위해 움직이는 것이다.

"우리는 누구인가?"

난이도가 높은 질문이지만, 그렇기 때문에 메타포로 통일된 이미지를 정하면 팀력, 조직력을 강화할 수 있다.

💬 메타포를 찾는다

그러면 내가 현장에서 사용하는, 메타포를 찾는 프레임워크를 소개하겠다.

취사 선택을 해야 하는 회의이거나 자사의 존재 이유를 찾는 회의라면 제출된 아이디어와 취합한 세부 요건을 눈앞에 나열해 놓고 생각하기보다, 일단 메타포를 찾으면 무엇을 기준으로 판단할지 선명해진다.

❶ A4 용지를 준비한다

이 프레임워크는 A4 종이를 가로로 길게 사용한다. 가로선, 세로선을 그어서 4등분한다.

❷ 메타포 테마 4가지를 정한다

왼쪽 위에서부터 오른쪽 방향으로 ⓐ~ⓓ의 순서를 매기고, 각각의 영역에 '비유할 테마'를 정한다. 예를 들면 〈도표 19〉와 같이 ⓐ 동물, ⓑ 요리, ⓒ 나라, ⓓ 영화로 한다.

〈도표 19〉 메타포로 찾는 프레임워크

[예]

ⓐ 동물	ⓑ 요리
항상 웃는 얼굴 착오가 많다 대응이 빠르다	
ⓓ 영화	ⓒ 나라

그림으로 그려서 구체적으로 파악한다

❸ 도표를 그려간다

각각의 테마 영역에 자사의 상품이나 서비스를 무엇에 비유할 수 있는지 도표를 그린다.

ⓐ 동물을 예를 들면 '우리는 대응 스피드가 빠르고 상황 변화에 빠르게 대처하니까 토끼가 아닐까?' 하고 생각하며 토끼 그림을 그려본다. '정보 입수가 서툴다'고 생각하면 귀는 가늘고 작게 그린다. '손님을 맞을 때 미소가 중요하다'고 생각한다면 스마일 토끼가 될 수도 있다.

"그림을 그려주세요" 하면 농담이 아니라 진심으로 "네?!" 하는 소리가 터져나온다. 그림 실력을 걱정하는 사람도 있고 대부분이 그림을 잘 못 그린다며 난감해한다.

그러나 그림 실력은 문제가 아니다. 중요한 것은 '이미지를 구체화하는 것'이다. 그림을 그리려면 생각을 구체화해야 한다. 말은 추상적으로도 쓸 수 있지만 추상적인 사고로는 구체적인 이미지를 그릴 수 없다. 그림 실력이 필요한 것이 아니니 과감하게 그려보자.

💬 우리는 누구인가

그림을 다 그렸다면 네 개의 그림에 특징 키워드를 말로 적어넣고 자사에 대한 이해를 더욱 높여가자.

❶ 어울리는 키워드를 생각한다

'토끼'라면 자신이 그린 그림에 '항상 웃는 얼굴', '인사를 중요시한다', '착오가 많다', '대응이 빠르다' 등의 보충하고 싶은 키워드를 적어보자. 개별로 작업한다.

❷ 팀의 최대공약수를 찾는다

완료하면 팀 전체가 돌려보며 서로의 설명을 듣는다. 그리고 메타포의 공통점과 차이를 재인식한다. '최대공약수를 찾는다'고 의식하면 되는데, 이 최대공약수를 포함한 메타포가 우리의 본질을 구체적으로 이미지화한다.

이와 같이 메타포를 그림으로 그리면 말로 와닿지 않던 서로의 해석 차이와 공통점을 알 수 있다. 이렇게 찾아낸 최대공약수가 우리의 본질이라고 하면 그것을 가장 잘 상징하는 것은 무엇일까? 다른 브랜드라면 무엇이 될까? '우리는 이것이다!' 하는 구체적인 이미지를 가진 메타포를 그릴 수 있을 때까지 계속 연습하자.

ⓐ~ⓓ의 테마는 차, 만화, 가방, 구두, 호텔 등으로 정해도 되고, 공원에 있는 것, 여행 가방 속의 내용물, 우주인 등 평소 생각지 못한 엉뚱한 것으로 해도 된다. 8~12종류의 메타포를 새롭게 파악한다. 우리가 누구인지에 대한 재료가 되므로 많이 모으자.

FRAMEWORK 21 | 4P와 4C를 통해 고객 관점에서 재점검하라

💬 판매자 관점과 고객 관점

사업을 하다 보면 주로 '판매자' 입장에서 생각하기 때문에 고객의 입장에서 생각하기가 어렵다. 그러나 모른다고 해서 자사의 사정만을 우선해서는 안 된다. '규정이기 때문에', '전례가 없다', '특별 취급할 수 없다' 등 자사를 대변하는 평계를 계속 대면 결국 고객은 멀어지고 만다.

21번 프레임워크를 사용하기 전에 먼저 기초 지식으로 마케팅의 4P와 4C를 확인하자. 〈도표 20〉의 4P와 4C는 모두 마케팅 믹스의 프레임워크다. 마케팅 전략과 계획을 세울 때 정보를 누락하지 않고, 중복되지 않게 정리하기 위해 사용한다.

보통 4P는 판매자 관점, 4C는 고객 관점인데 '어느 쪽이 맞다, 필요하다'는 것이 아니라 양쪽 관점에서 정보를 정리할 수 있어야 한다.

💬 판매자 관점 4P로 정리한다

4P, 4C를 이해했다면 '고객 관점으로 재검토하는' 프레임워크를 소개하겠다.

먼저 〈도표 20〉과 같이 4P의 네 가지 항목으로 정보를 정리하자. 다음에 작업할 4C에 맞춰 한 장의 모조전지에 정리해 양쪽의 관점에서 자신의 강점을 찾는 구조를 마련한다.

❶ 4P를 적어낼 준비를 한다

모조전지는 세로로 길게 사용하고 가로 세로 3×3의 9등분이 되게 접는다. 왼쪽 위부터 모퉁이 네 칸이 4P를 위한 영역이다. '우리의 상품은?' '비용은 얼마나 드는지?' '어떻게 팔지?' '무엇이 팔리나?'라고 각각의 모퉁이에 적어넣자(202페이지 참고).

❷ 4P를 적어낸다

멤버 전원이 메모지와 펜을 준비하고 왼쪽 위의 '우리의 상품은?' 칸에 적을 제품부터 순서대로 떠오르는 것을 적어넣고 모

〈도표 20〉 4P와 4C의 설명

제롬 매카시가 제창한 4P
로버트 라우터본은 이것에 대해
고객 관점의 마케팅이 필요하다고 피력하고 4C를 제창했다.

4 P			
	• Product	(제품)	제품, 서비스 품질, 패키지
	• Price	(가격)	가격, 할인제도, 지불조건
	• Place	(유통)	채널, 유통범위, 제품구색, 재고
	• Promotion	(판촉)	판매촉진, 고지, 광고, 다이렉트 마케팅

4 C			
	• Customer value	(가치)	고객이 그 상품을 손에 넣거나 사용했을 때 얻을 수 있는 가치
	• Customer cost	(고객의 부담)	시간, 귀찮음, 지불한 금액
	• Combineience	(편리성)	입수의 용이함
	• Communication	(커뮤니케이션)	고객이 가지고 싶어 하는 정보를 제공

통이 네 칸에 메모지를 붙이자. 3분에 한 칸을 마무리하는 정도의 속도감이 좋다.

❸ 전체적으로 보고 공유한다

적어내기 작업을 완료하면 한 발 물러나 메모지를 전체적으로 보고 내용을 추가하고 싶은 사람은 조용히 메모지에 써서 그 자리에 붙인다.

이것으로 4P, 판매자 관점의 정보를 취합했다. 나오지 않은 정보는 선택할 수도 없으므로 되도록 많은 정보를 취합하는 것이 관건이다.

💬 고객 관점 4C로 정리한다

4P를 적었으니 모퉁이 네 칸은 이제 채웠다. 이번에는 4C, 즉 고객 관점에서 정보를 취합한다. 이 프로세스를 완료하면 우리 상품에 대해 판매자와 고객, 양쪽의 관점에서 모든 정보를 취합하는 것이다.

❶ 4C를 적어낼 준비를 한다

이미 채운 칸과 중간 칸을 제외하면 네 칸이 남아 있다. 맨 위부터 시계 방향으로 '고객의 가치는?' '고객의 부담은?' '편리함이란?' '커뮤니케이션은?' 등의 질문을 각각의 범위에서 적어넣자. 그 위치는 202페이지 도표를 참고하기 바란다.

❷ 4C를 적어낸다

4P를 적을 때와 마찬가지로 멤버 전원이 메모지와 펜을 준비한다. 맨 위의 '고객의 가치는?'이라고 적힌 칸의 '가치'부터 순서대로 떠오르는 것을 적고 해당 칸에 메모지를 붙여간다. 여기

에서도 한 칸을 3분 안에 마무리하는 속도감으로 진행한다.

❸ 전체적으로 살펴보고 공유한다

4C에 대한 작업을 완료하면 모든 메모지를 전체적으로 살펴보고 추가하고 싶은 사람은 메모지에 내용을 적어 그 자리에서 붙인다. 다른 팀원의 생각을 방해하지 않도록 조용히 진행하자.

💬 양쪽의 관점으로 가치를 판별한다

이 관점에서 모조전지는 정중앙의 빈 칸을 제외하고 모든 칸에 메모지가 붙어 있다. 각각 취합한 정보를 확인하면서 각 칸의 메모지를 조합하면 어떤 가치를 확인할 수 있을까?

예를 들면 '고객의 가치는?', '커뮤니케이션은?', '무엇이 팔리나?' 칸에 붙어 있는 메모지 내용을 조합하자.

자사 상품이 안티에이징 기초화장품이라고 하자. 가치 영역에는 '주름이 줄어든다', '피부결이 정돈된다', '모공이 줄어든다', '사람들이 피부가 좋아졌다고 칭찬한다'와 같은 메모지가 붙어 있고, 커뮤니케이션 영역에는 '최신 정보를 전하는 메일 매거진 발행', '전화 문의 대응', '상품 체험 세미나'와 같은 메모지가 붙어 있다고 하자.

이것들을 볼 때 가치와 커뮤니케이션과 판매, 이 세 가지에 영향을 주는 것은? 어떤 정보가 공유되는지? 이것들을 조합해서 새롭게 생기는 것은 무엇인지? 같은 관점을 기준으로 점검한다.

'주름이 줄어든다, 칭찬한다'와 '상품 체험 세미나, 즉효성'을 연결해서 '즉효성을 체험한 이용자를 모델로 브랜드에 참가시킨다'고 정리한다. 정답은 아니므로 압박감은 느끼지 않아도 된다. 정보를 조합해서 이렇게 할 수 있지 않을까 하고 떠오르는 아이디어를 각자 조용히 적어내자.

💬 정중앙에 둘 수 있는 가치를 정리한다

최종적으로 '고객이 모델이 되는 것을 좋아할 수도 있다', '우선 시제품을 만든다', '포인트 환원율 우대' 등 다른 영역의 정보를 조합해 '이용자를 브랜드화함으로써 자사와 고객의 유대를 강화할 수 있다'와 같이 가설을 세운다. 마지막으로 정중앙의 빈칸에 '이용자를 홍보대사로!'와 같은 최종 결과를 정리해서 메모지를 추가한다.

💬 정말로 얻는 가치는?

이 프레임워크는 '가치'가 무엇인지 재점검하는 자세를 몸에 익히는 훈련이기도 하다. 프레임워크의 주제에서 벗어난 이야기이지만 중요하기 때문에 언급한다.

이 프레임워크 활용의 진짜 목적은 '가치를 생각하는 것' 그 자체다. 앞서 언급한 바와 같이 고객은 상품이나 서비스를 구매하는 것이 아니라 그것을 통해 가치를 얻는다.

샴푸를 사는 것은 선반을 장식하기 위함이 아니다. 머리를 감은 후 향기가 마음에 든다거나 머릿결이 좋아져서 젊어진 느낌을 느끼기 위해, 머리를 빗을 때 스타일하기가 쉬워서 등과 같이 샴푸를 사용함으로써 가치를 얻고 싶기 때문이다.

고객 관점에서는 제품인 샴푸를 사는 것이 아니라 그것을 사용하면 문제가 해결된다. 원하는 건 가치라는 사실을 알 수 있다. 우리는 고객에게 어떤 존재일까? 항상 마음에 새겨두려면 어떻게 하면 좋을까? 관점을 바꾸고 가치를 재점검하는 사고를 몸에 익히자.

	제품	고객 가치	가격	
커뮤니케이션	우리의 상품은?	고객의 가치는?	비용은 얼마나 드는지?	비용
	커뮤니케이션은?	?	고객의 부담은?	
	무엇이 팔리나?	편리함이란?	어떻게 팔지?	
	판촉	편리성	유통	

FRAMEWORK 22 | 행동 기준을 정하려면 언어를 정의하라

💬 언어의 정의가 행동 기준이 된다

조직 생활에서는 이해와 해석의 오차를 줄이기 위해 말과 행동을 정의하는 것이 중요하다. 이것이 전 사원의 행동 기준이 되고 조직 활동의 일관성으로 이어진다. 일관적인 조직 활동은 말과 행동이 개인을 넘어서 조직의 것이 되고 문화를 형성한다. 말은 문화다. 평소 아무 생각 없이 사용하는 말의 의미를 명확히 해석하자.

어느 조직에서 연수를 진행할 때의 일이다. 연수의 목적은 '마케팅을 고객 관점에서 재검토하는 것', '조직 내의 커뮤니케이션을 활성화하는 것'이었다.

연수를 시작하며 참가 멤버에게 "마케팅은 무엇입니까?" 하고 질문했다. 스스로 생각하고 자신의 말로 이야기하는 사고체험을 하고, 간단한 용어라도 사람에 따라서 해석과 표현이 다르다는 것을 인지하기 위한 진행이었다.

갑자기 연배가 있는 남성이 "당연한 것 아닙니까! 마케팅은 영업. 영업이라는 것은 일을 운영하는 것. 글자 그대로입니다!" 하고 큰 소리로 말했다. 참가한 다른 멤버들은 찬성하기는커녕 쓴웃음을 짓거나 한숨을 쉬면서 아무도 발언하지 않았다.

"맞습니다! 우리 회사에서 마케팅이란 일을 운영하는 것입니다. 일을 운영하는 것은 영업입니다" 하고 전 멤버가 공통적으로 인식하고 있다면 아무 문제가 없다.

조직에서 행동을 함께하는 사람들이 해석을 같이하거나 공통 언어로 의미 부여를 통일하는 것이 '정의하기'다. 마케팅의 의미를 팀이나 조직 전체가 공유해 행동 판단의 기준으로 사용하는 것이 가장 이상적인 상태다.

마케팅 = 영업 = 일을 운영하는 것

조직에서 사용하는 말은 그 문화를 형성한다. 어떤 말을 어떻게 사용할지, '정의하기'로 생각을 맞춰보자.

💬 말은 같이하지만 해석은 다른 것을 깨닫는다

어떤 고객과 조직 이념에 대해 대화할 기회가 있었다. 그 회사에는 창업자 때부터 대대로 이어져 내려오는 경영이념이 있다.

매일 조례에서 구호를 외치는데 외우지 못하는 종업원은 한 명도 없었다. 프로젝트 팀은 전원이 구호의 의미를 알고 외치는지 알아보고 공유하기 위해 '경영이념을 어떻게 해석하는가?'를 조사하기로 했다.

경영이념 중에는 '최첨단 기술과 최고의 웃는 얼굴로'라는 말이 있었다. '최첨단 기술', '최고의 웃는 얼굴'이라는 두 가지 말에 대해 각각 문장을 설명해 보기로 했다.

최첨단 기술이란?
- 세계 1위에 선정된 기술을 습득하는 것
- 사내 톱클래스의 기술을 전원이 지향하는 것
- 프로로서 자각하고 계속 연구하는 것

최고의 웃는 얼굴이란?
- 고객이 만족하는 웃는 얼굴
- 바쁜 일상을 떠나 마음이 편안해지는 친절한 미소
- 고객뿐 아니라 동료에게도 밝음을 전하는 웃는 얼굴

이와 같이 뜻을 명문화하면 다른 해석, 즉 말의 여러 가지 정의가 취합된다. 여기에서 멤버들은 '모두 같은 생각인 줄 알았는데 이렇게 다를 줄 몰랐다'라며 놀라워했다. '누구에 대한 웃는 얼굴인지'조차 이미지가 전혀 달랐던 것이다. 그렇기 때문에 '같을 것이다'라고 믿기보다 말의 정의를 재정립하는 게 중요하다.

💬 조직의 말을 정의한다

그러면 행동의 기준을 정하기 위해 '정의하기' 프레임워크를 소개하겠다. 이념이 '구호'에 그치지 않고 '행동'으로 옮겨지려면 우선 '조직의 말'을 정의해야 한다. 이념에 관계없이 그 조직에서 사용하는 빈도가 높은 말을 정의하자. 정의하는 순서는 다음과 같다.

❶ 개별 해석을 취합한다

3인 1팀이 되어 팀 멤버가 개별로 조직의 말을 어떻게 해석하는지를 취합한다.

❷ 말의 요소를 골라낸다

개별로 써낸 해석을 분해하고 공통점을 찾을 준비를 한다.

- 세계 제1위로 선정된 기술을 습득하는 것

  → 세계 제1위/기술/습득하다

이와 같이 수집한 모든 해석의 문장에서 문장을 구성하는 요소를 골라내자.

❸ 조합하고 정의하기

팀은 골라낸 요소를 조합하여 정의를 하나로 통합한다. 팀별로 '최첨단 기술'이 무엇인지 설명문을 만든다.

> **최첨단 기술**
>
> 우리에게 최첨단 기술이란 종업원 전원이 프로페셔널이라고 자각하는 데서 시작한다. 사내 톱클래스 기술자가 다음 세대 기술자에게 그 지혜를 전수하고, 그렇게 익힌 기술로 고객을 미소짓게 한다. 그것이 우리의 최첨단 기술이다.

이와 같이 조직의 언어를 어떻게 해석하는지 정의하면 무엇을 우선해야 하는지 판단할 수 있다.

이 회사는 실제로 다음과 같이 '최첨단 기술'에 대해 어떠한 기회와 환경을 갖추고 있는지, 어떤 시스템을 갖춰야 할지 생각해 내는 것으로 이어졌다.

- 조례에서 어떤 행동이 프로다운지 모두 한 가지씩 말한다.
- 톱클래스 기술 강습을 레벨별이 아닌 목적별로 실시하고 레벨 간의 교류를 늘린다.
- 습득 성장을 도표로 표현해서 수첩에 붙인다.

여기까지 오면 이념이 구호에 그치지 않고 행동으로 옮겨진다. 즉, 말을 정의하면 구체적인 행동으로 연결된다. 이 순서를 응용해서 조직에서 의문 없이 오고 가는 말을 정의하고 조직 문화를 재구축하자.

FRAMEWORK 23

문제 해결을 위한
대화 프로세스

💬 문제 해결의 장이 되는 회의

회의에서는 그럴듯한 문제가 의제가 된다. 상품의 매출 개선이나 판매량 향상 등 매출 관련 문제, 상품 개선이나 오퍼레이션 시스템의 재검토 등 상품과 서비스 문제, 이직률 감소와 관리자층 인재 교육 등 인사를 비롯한 업무 시스템 관련 문제 등 다양한 목적으로 회의가 열린다.

회의를 하면서 공통 견해와 합의를 형성하기 위해 노력하고, 그 결과 문제가 해결된다. 이러한 반복이 조직 활동이다.

그러나 대화 프로세스를 의식하지 않는 회의가 많다. 반드시 해결해야 하는 문제에 직면했을 때, "일단 아이디어를 내라" "좋은 생각은 없는가?" "의견을 내달라" 등 많은 회의에서 해결을 위해 아이디어를 무작정 요구한다. 여기에는 목적만 강조될 뿐 프로세스가 존재하지 않는다.

'목적'과 '프로세스'는 다르다. 문제 해결이 목적이면 거기에 이르는 모든 과정이 프로세스다.

축구에 비유하면 골을 넣는 것은 컨트롤할 수 없다. 선수들이 컨트롤할 수 있는 부분은 '골을 넣으려는 최선의 패스'이고, 이것이 프로세스다.

예를 들면 마케팅, 브랜딩에서도 '어떤 이미지를 갖고 있는가'는 고객의 마음속에서 나오는 제각각의 반응이다. 직접 만질 수 있는 것도 아니기 때문에 우리는 자신이 바라는 반응이 나오도록 '자극'이라는 프로세스를 컨트롤한다.

골을 넣을 확률을 높이려고 패스라는 프로세스를 의식한다. 이것은 문제 해결에서도 동일하게 적용할 수 있다. 나는 회의를 진행할 때 다음과 같이 '대화 프로세스'를 항상 의식하도록 유도한다.

💬 **문제 해결을 위한 대화 프로세스**

문제 해결을 위해 어떤 프로세스로 대화하면 좋을까 하고 구축한 프레임워크가 '문제 해결을 위한 대화 프로세스'다. 이 대화 프로세스는 회의 현장을 직접 경험하면서 고안한 것이다. 회의 운영을 위해, 대화하는 분위기 조성을 위해 프레임워크로 활용하자.

문제를 발견하다

❶ 현상과 이상의 갭을 발견한다

'상품의 매출 개선'이 의제라면 우리는 이것을 '문제'로 인식한다. 그러나 진짜 문제는 이상적인 매출과 현실의 갭에 숨어 있다. 그것을 발견하는 것이 문제 발견의 프로세스다. 〈도표 21〉과 같은 프레임워크를 이용해서 개별적으로 '현상', '이상(그러해야 하는 모습)', '차이'를 적어넣자.

해결을 정의하다

❷ 무엇을 해결할지 정의한다

아무리 대단한 아이디어라도 예산이 부족하다, 기간이 길다, 인재가 부족하다 등의 이유로 활용하지 못할 때가 있다. 아이디어를 내고 막연히 고를 것이 아니라 '무엇을 해결할 것인가'를 정의한 후 아이디어를 내자.

〈도표 21〉 문제 해결을 위한 대화 프로세스

1. 문제의 발견 어떤 문제인가?	현상을 파악한다	현상을 파악한다 사실을 모은다
	이상(그러해야 하는 모습)	이상을 그린다
	차이	현상 그러해야 하는 모습 이 두 가지의 차이를 찾는다
2. 해결의 정의 무엇을 해결하는가?	그러해야 하는 모습에 가까워지고 있는가? 현실 가능성이 있는가? 현상을 개선·개량하고 있는가?	
	3. 해결책의 발상 아이디어를 유출한다	
4. 해결책의 선택 정의에 따라 선택한다	해결을 정의한 후 해결책을 선택한다.	

대화 프로세스를 구성하여 해결하다

발상과 선택

❸ 정의를 고려한 발상과 선택을 한다

'6개월 내에 완성', '담당하는 인재는 두 명' 등 해결해야 하는 문제를 정의하고 문제 해결을 위한 아이디어를 발상한다.

발상은 메모지 한 장에 한 가지씩 적어내는 방법을 사용한다. 모두 적어내면 한 번 더 정의에 비추어보고 해결책을 명확히 하자.

개인의 문제를 해결한다고 생각하면 이미지 형성이 쉬우므로 다음과 같이 개인의 문제를 예로 생각해 보자.

의제 영어로 말할 수 없다. 특히 경어 표현이 어렵다.

현상 회의에 동석하고 맞장구를 치는 것이 최선이다.

이상 영어로 진행하는 비즈니스 회의에서 무리 없이 발언할 수 있다.

차이

- 비즈니스에서 사용 빈도가 높은 영단어 어휘력이 부족하다.
- 경어 표현을 잘 모른다.
- 관련 자료에 대한 독해량이 적다.

해결책의 정의

- 아침 일찍 한 시간으로 실행할 수 있는 것
- 3개월 후 회의에서 경어로 표현할 수 있을 것
- 바로 시작할 수 있는 것
- 월 5만 원 이내에서 가능한 것

해결책의 발상

- 경어 표현을 인터넷에서 검색해서 리스트를 만든다.
- 네이티브 직원의 도움을 받는다.
- 영어회화 학습 애플리케이션을 찾아본다.
- 정치가의 연설문을 듣는다.
- 경어 표현에 관한 책을 사서 혼자서 공부한다.

- 대표적인 표현 10개를 선정해서 연습한다.
- 영어회화 교실의 경어 표현 관련 수업을 듣는다.

해결책의 선택

- 인터넷에서 검색해서 경어 표현 리스트를 만든다.
- 대표적인 표현 10개를 선정해서 연습한다.

이와 같은 구체적인 예시로 실제 문제와 해결을 정의할 수 있으면 해결책 선택이 쉽고 가설의 정밀도가 높아진다는 것을 알 수 있다. 대화 프로세스로 목적에 가까워질 확률을 높여보자.

FRAMEWORK 24
아이디어를 활용하려면 그룹으로 나누어라

💬 두 단계로 확실히 나눈다

회의에서 진행자가 발상을 요구하면서 화이트보드에 의견을 적는 모습을 종종 본다. 이렇게 하면 방향성을 찾기도 전에 각각의 아이디어에 대한 감상과 평가 등, 무의식적으로 수렴하는 작업에 들어가버린다. 발상과 검토는 명확히 분리해야 효과가 높다. 회의에서 발상이 요구되는 상황일 때는 〈도표 22〉와 같이 사고를 넓히는 발상 단계와 사고를 정리하는 수렴 단계를 명확히 나누어야 한다.

〈도표 22〉 발상과 수렴을 나눈다

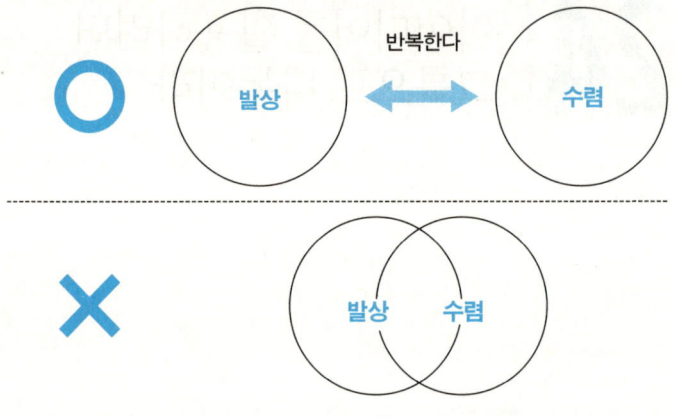

발상하면서 수렴하고, 수렴하면서 발상한다. 뒤섞으면 비효율적이다

💬 수렴과 집약의 기본, '그룹 나누기'

수렴·집약은 발상·확산 작업으로 수집한 정보를 다음 단계로 전개하는 역할을 한다. '펼친 보자기를 접는다'는 말로 표현할 수 있는 작업이다. 수렴·집약의 기본은 그룹으로 나누는 것이다. 수많은 정보를 그룹으로 나누고 정리함으로써 정보는 판단하기 쉽고 활용하기 쉬워진다.

그룹으로 나누고 분류했을 때 얻는 이점은 일상생활 속에서 누구나 한 번은 체험해 봤을 것이다. 예를 들어 국어사전은 가나다 순, 영어사전은 알파벳 순으로 단어를 그룹으로 분류해 놓기 때문에 단어를 쉽게 찾을 수 있다.

도서관과 서점도 만화, 신간, 문고와 같이 종류에 따라 선반을 나누고, 더 나아가 장르와 출판사, 작가별로 나눈다. 이렇게 분류해야 원하는 것을 찾기 쉽고 또 새로운 책도 추가하기 쉽다.

발상에서 얻은 정보를 검토 단계로 옮길 때도 '그룹으로 나누는 것'은 사용하기 손쉬운 방법이다.

그룹으로 나누거나 분류하는 것만으로도 생각이 편중되는 것을 방지할 수 있다. 다른 아이디어는 내팽개치고 하나의 발상에만 지나치게 구애받는 것을 예방한다.

회의에서 주고받는 정보는 막연하게 받아들일 것이 아니라, 나중에 쓸 정보를 골라내거나 새로운 정보를 추가하는 식으로 정돈을 하면 생각을 구체화하기가 쉽다.

또 새로운 아이디어와 발상의 전 단계로서 기존의 정보를 파악해야 할 때가 있다. 이때는 '빠짐없이, 중복 없이' 정보를 수집했는지 점검한다.

결국 '그룹으로 나누어 이름을 붙이는 것'은 조직 내에 흐르는 정보를 쉽게 활용하기 위한 툴이다.

💬 그룹 나누기의 기본형

'그룹으로 나누는' 프레임워크 두 가지를 소개하겠다. 이 프레임워크는 응용하기 쉬운 사고의 도구로서 항상 염두에 둘 것을 추천한다. 소개할 프레임워크는 트리니티(Trinity, 삼위일체)와 사분면(四分面)이다.

이 두 프레임워크를 이용하면 여러분이 모아온 자료의 편중과 부족함을 파악할 수 있다.

💬 그룹으로 나누는 '트리니티 편'

트리니티는 삼위일체로 번역되며 세 부분으로 정보를 정리하고, 세 개의 겹침이 생기는 프레임워크다.

〈도표 23〉 트리니티의 활용 예

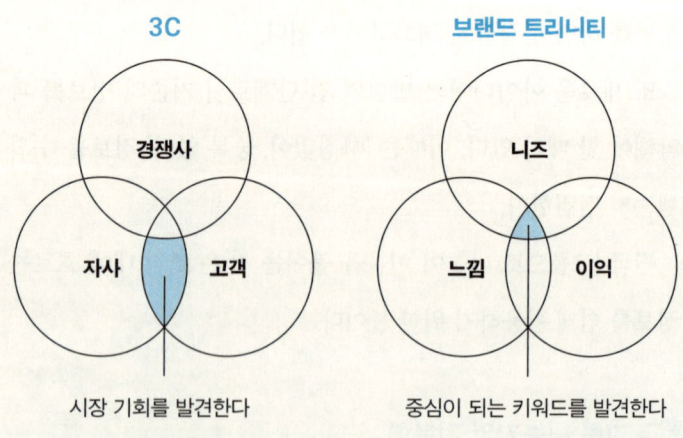

세 개의 원으로 정보를 정리하는 심플한 프레임워크

세 개의 원 각각에 무엇이 오는가에 따라서 겹치는 부분도, 그 중심의 의미도 바뀐다. 유명한 트리니티로 '3C'가 있다.

- **Customer** 고객
- **Competitor** 경쟁사
- **Company** 자사

이들 3C에서 '고객과 자사'만 겹치는 곳을 시장 기회라고 인지하고 검토할 수 있다. 덧붙여서 세 개가 겹치는 정중앙은 가격경쟁이 일어나는 영역이다.

그룹으로 나누는 '사분면 편'

다음은 사분면으로 나누는 형식이다. 이것은 '정보의 포지션'을 정하는 것으로 각 분면과 전체 양쪽을 모두 정리할 수 있는 프레임워크다.

이 형식으로 유명한 몇 가지가 있는데 그중에서도 SWOT 분석은 다들 한번은 본 적이 있을 것이다.

- **강점** 목표 달성에 공헌하는 것
- **약점** 목표 달성에 장애가 되는 것

〈도표 24〉 사분면의 활용 예

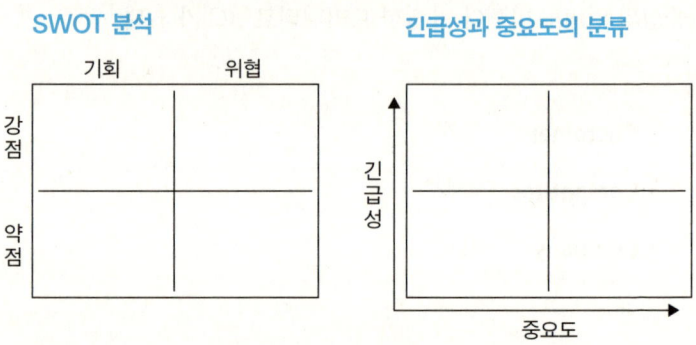

부분과 전체, 양쪽에서 정보를 얻을 수 있다

- **기회** 목표 달성에 공헌하는 외부 요인
- **위협** 목표 달성에 장애가 되는 외부 요인

이 네 가지를 기준으로 조직의 자산과 사업을 분류함으로써 여러분의 전략과 사업 전개를 위한 활동을 확인할 수 있다.

양쪽 다 스스로 고안할 수 있다

트리니티도 사분면도 각각의 영역에 무엇을 설정할지에 따라서 여러 그룹 나누기에 활용할 수 있다. 회의를 진행하면서 수렴·집약을 발상·확산보다 어렵게 느끼는 분이 많을 것이라 생각한다.

　이러한 기본 프레임워크를 응용해서 회의에서 필요한 기준인 키워드를 설정하고 나타낼 수 있으면, 수렴·집약에 어려움을 겪을 때 이용할 수 있다. 자신의 도구로서 자유롭게 사용할 수 있도록 좀 더 연습하자.

FRAMEWORK 25 구체적인 것과 추상적인 것 조합하기

💬 정리하는 작업은 '변환'

새로운 아이디어를 낸 후에 그것들을 취합하는 방법은 한마디로 정리하기, 미리 약속된 것으로 정리하기, 현실 범위로 정리하기, 대상으로 정리하기 등 목적에 따라 다양하다.

어떤 방법으로 정리하더라도 구체적인 것을 추상적으로 새롭게 파악하거나 추상적인 것을 구체적으로 생각하기를 반복하는데, 보통 이 과정을 의식적으로 생각하지는 않는다.

다음 문제를 생각해 보자. 다음의 '?'에는 어떤 단어가 어울릴까? 넌센스 퀴즈가 아니므로 단순히 생각하자.

무	시금치	호박	←→	?
?	?	사과	←→	과일
개	코끼리	호랑이	←→	?
연필	자	?	←→	?

해답의 예시는 다음과 같다.

무	시금치	호박	←→	채소
복숭아	딸기	사과	←→	과일
개	코끼리	호랑이	←→	동물
연필	자	지우개	←→	문방구

문제에서 왼쪽으로 향하는 '←'는 구체적으로 생각하는 방향을, 오른쪽으로 향하는 '→'는 추상적인 키워드로 정리하는 방향을 의미한다.

구체적 ←→ 추상적

우리는 이 변환의 반복을 의식하는 것만으로도 수집한 정보의 사용 방법에 변화를 줄 수 있다.

💬 혼재되어 있는 것을 인지한다

우리가 아이디어를 낼 때는 보통 구체적인 말과 추상적인 말이 혼재되어 있다.

예를 들면 회의의 주제가 '고객 대응의 개선'일 때 각자 생각나는 대로 아이디어를 적으면 '24시간 이내에 회신한다', '조직력을 높인다', '고객카드를 재검토한다', '약속을 지킨다' 등 구체적인 것과 추상적인 것이 섞여 있다.

이것을 인지하려면 아이디어를 말로 하지 않고 메모지에 적어낸다.

💬 팀으로 이해한다

그러면 프레임워크 사용법을 소개한다.

구체적인 것, 추상적인 것이 혼재되어 있는 상태에서는 정리하기가 어렵다. 특히 팀으로 적어낸 아이디어는 레벨이 상이한 두 가지 정보를 정리하는 것에서 시작하자.

다음과 같은 순서로 진행한다.

❶ 발상을 공유하면서 분류

가로로 긴 모조전지 한 장을 준비한다. 긴 쪽을 2등분해서 접는다. 왼쪽, 오른쪽 칸을 구체적인 것, 추상적인 것으로 설정하고 적어낸 메모지를 공유하면서 분류한다. 먼저 언급한 예시로 보면 모조전지 왼쪽에 모이는 구체적인 것은 다음과 같다.

- 24시간 이내에 회신
- 고객 카드 재검토

오른쪽에 모이는 추상적인 것은 다음과 같다.

- 조직력을 높인다
- 약속을 지킨다

우선 여러분의 메모지를 구체적인 것, 추상적인 것으로 나누자.

❷ 연결을 고찰한다

나누고 나서 좌우의 메모지를 본 후 '세트'가 있다면 어느 메모지와 연결되는지 생각하자. 그리고 떠오르는 연결을 적어낸다. 예를 들면 다음과 같다.

- 24시간 이내에 회신 ←→ 약속을 지킨다
- 고객 카드 재검토 ←→ 조직력을 높인다

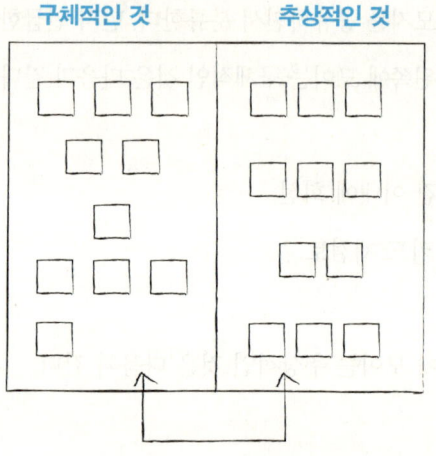

'세트'를 고려해서 새롭게 추가한다

이와 같이 구체적인 말로 표현되는 행동과 추상적인 말로 표현되는 개념을 연결한다.

💬 아이디어를 발전시킨다

구체적인 것을 추상적인 것으로 정보를 정리하면 여러분의 발상이나 결과물의 관점, 양이 편중되어 있다는 것을 알 수 있다. 붙어 있는 메모지를 보고 '추상적인 것이 많다'고 느낀다면 추상적인 키워드를 실현할 구체적인 행동을 발상하고 그것을 구체적인 영역에 추가하자.

반대로 구체적인 행동만 많다면 목적이 뭔지 방향성과 콘셉트를 잃어버린 것으로 생각할 수 있다. 구체적인 영역에 붙은 메모지를 확인하여 닮은 것을 모으고 한마디로 정리하면 무엇인지 생각해서 추상적인 영역에 메모지를 추가하자.

 이와 같이 구체적인 것, 추상적인 것, 두 영역의 정보를 조합하고 활용하여 아이디어를 더욱 발전시킬 수 있다.

FRAMEWORK 26
일의 질을 높이려면 시계열로 흐름을 파악하라

💬 **업무의 관련성과 흐름**

업무를 흐름으로 파악하지 못하고 눈앞에 닥친 일을 처리하는 데만 급급할 때가 있다. 업무 중 손에 넣은 정보도 전후의 관련성을 파악하지 못하고 눈앞의 것만 처리하기 바쁜 경우도 있다. 어느 쪽도 근본을 추구하는 것이 아니라 캠퍼주사(강심제)와 같이 현재 닥친 일에 대해서만 대처를 계속하는 것이다.

조직의 더 좋은 활동을 위해서는 지금 우리가 경험하는 것을 조직의 경험 지식과 자산으로 바꿔야 한다. 그렇다면 정보는 업무 관련성과 흐름으로 파악할 것을 추천한다.

흐름을 파악할 때 쉽게 활용하는 프레임워크로 '시계열로 나열하기'가 있다(시계열이란 어떤 현상의 시간적 변화를 관찰하여 얻은 값의 배열). 당장의 대처에 휘둘릴 것이 아니라 다른 사업부와 사람들의 관련성을 시계열로 그려보면 근본 문제를 찾고 시스템 조정에 필요한 자료를 수집할 수 있다.

💬 일의 흐름과 방식을 재검토한다

조직에는 매뉴얼과 업무 방식을 설명하는 자료와 그것을 관리하는 시스템과 서류가 넘쳐난다. 그러나 매뉴얼의 어디를 보면 좋을지, 어느 자료를 참조해야 할지도 모르고, 영업팀이 말하는 것의 의미를 이해하지 못하는 등 혼란스러운 경우도 실제로 일어난다.

일의 흐름을 자세히 조사하고, 지금 자신이 어디에 있고 무엇을 요구받는지, 그리고 어떤 대처가 필요하고 다음으로 무엇을 이어가면 되는지 팀과 공유하자. 일의 흐름을 명확히 해서 무엇을 위한 문제 해결인지를 분명히 한다.

예를 들어 웹사이트 제작 의뢰를 받았다고 하자. 영업팀은 고객과 교섭하여 정보를 수집하고, 그 정보를 기본으로 제작팀은 웹사이트를 만들어 납품한다.

어떤 문제가 일어나기 쉬운지 공유하려면 일의 흐름을 시계열로 나열하고 재검토해야 한다.

💬 조직 활동을 흐름으로 파악한다

일의 흐름과 방식은 컴퓨터 프로세스로서 '태스크 관리'를 이미 지화할 수도 있다. 여기에서 소개하는 시계열로 나열하는 프레임워크를 사용해 일을 흐름으로 파악하고 일의 다음 단계로 바통 터치가 잘 이루어지는지 점검하는 것을 "일의 질을 관리한다"고 말한다.

역할과 책임에 따라 조직의 넘치는 정보를 파악하는 방법이 다르다. 팀 멤버 전원이 일의 흐름을 어떻게 파악하는지 확인하면 문제가 일어나기 쉬운 곳과 낭비가 발생하고 있는 곳을 발견하기 쉽다. 시계열로 파악하는 프레임워크는 정보를 수집하면서 흐름을 볼 수 있기 때문에 문제 발견에 도움이 된다.

❶ 일의 흐름을 생각한다

개별로 자신의 일이 어떻게 흘러가는지 써보자. 〈도표 25〉와 같이 영업과 제작팀은 서로 역할도, 일의 흐름도 다르다. 이것을 참고해서 자신의 일을 흐름으로 파악하자.

❷ 시계열로 큰 틀의 흐름을 설정

개별로 적어낸 일의 흐름을 공유한다. 각각 일의 흐름을 정리한 후 큰 그룹은 무엇이 되는지 설정한다. 예시로 든 일이라면

〈도표 25〉 일의 흐름 예시

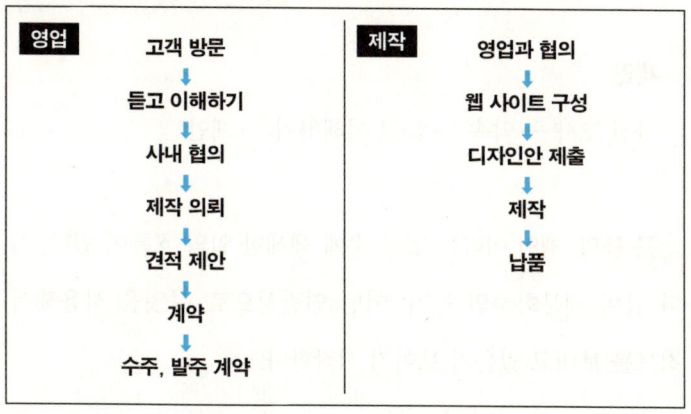

영업과 제작, 서로 일의 흐름을 파악한다

다음과 같은 큰 틀의 흐름을 파악할 수 있다.

제안 → 수주 → 제작 → 납품

이것으로 영업팀도 제작팀도 같은 흐름에 놓을 수 있다.

❸ 일을 세분한다

역할이 다르더라도 같은 흐름에 있는 큰 틀을 파악하면서 이번에는 일의 상호관계를 보기 위해 세분한다. 예를 들면 다음과 같다.

제안

사전 조사 → 약속 → 듣고 이해하기 → 제안

큰 틀의 '제안'이라는 업무 속에 세세한 일의 흐름이 있다. 이와 같이 세분화하면 누가, 어떤 연관성으로, 무엇을 사용해서 정보를 보내고 있는지 보이기 시작한다.

💬 흐름을 보면서 문제점을 발견한다

예를 들어 고객의 이야기를 들을 때 '영업팀 각자의 노트 메모'를 통해서 듣는 상황이라면 이것은 개인 의존도가 높은 행동으로, 정보의 미스 매치 등 문제가 일어나기 쉽다.

회의 테마로 '일의 질을 높인다', '생산성을 재검토한다'는 것과 관련한 의제를 많이 볼 수 있다.

우리의 조직 속에서 '일'이 어떤 시계열로 흐르는지, 그것을 확인하면 과제와 개선점을 팀이 파악할 수 있다. '흐름'을 파악하면 개별 작업이 아니라 조직 차원에서 일의 질을 높이는 것으로 의식을 강화해 나갈 수 있다.

〈도표 26〉 일의 흐름을 시계열로 나열해서 세분화한다

흐름	업무	담당	투입	결과	요구하는 품질	체크
제안	사전 정보의 조사	영업	회사 사이트 데이터 뱅크	고객 정보 시트	회사의 기본 정보를 파악한다	연혁은 기록했는가?
	약속	영업		노트가 유일 ←	정보가 흐르고 있지 않다	
	청취	영업				
	제안	영업				
수주	↓ 시계열로 정리한다					

일의 질을 높이려면 흐름을 파악한다

FRAMEWORK 27 | 문제가 애초에 뭔지 최초의 발단을 생각하라

💬 안이한 답을 내지 마라

사업의 성적과 팀의 상태, 부하의 행동을 보고 '왜 이런 결과가 나왔는지?' '어째서 실수를 반복하는지?'와 같은 감정이 드러날 때가 있다.

이 상황에서 대부분 구조조정이나 사업 철수 등 쉽고 안이한 답을 내놓는다. 이렇게 되면 근본적인 재검토를 하지 못하고 동일한 패턴을 반복할 우려가 있다. '처음의 발단'이라는 말을 사용해서 근본적인 것이 무엇인지 확인하자.

근본을 묻는 프레임워크의 사용법을 설명하기 전에 우리의 사고 습관을 체감할 수 있는 유명한 수수께끼를 공유하겠다. 첫 번째 문제는 다음과 같다.

Q : 코끼리를 냉장고에 넣으려면 어떻게 해야 할까?

답은 매우 간단하다.

1. 냉장고 문을 연다
2. 코끼리를 넣는다
3. 냉장고 문을 닫는다

확실히 이렇게 하면 코끼리는 냉장고에 들어간다. 무의식적으로 가정용 냉장고를 상상하면 '코끼리를 잘게 잘라서'라는 잔혹한 장면을 상상하는 사람도 있을지 모른다. 무엇을 생각하고 있는지도 점검할 수 있는 수수께끼다. 그러면 두 번째는 어떨까?

Q : 기린을 냉장고에 넣으려면 어떻게 해야 할까?

1. 냉장고 문을 연다
2. 코끼리를 꺼낸다
3. 기린을 넣는다

4. 냉장고 문을 닫는다

첫 번째 문제의 연속이라고 생각했는가? "아, 그렇구나" 할 것이다. 그럼 다음 수수께끼는 어떨까?

Q : 백수의 왕 사자가 전 세계의 동물을 집합시켰다. 그런데 유일하게 참석하지 못한 동물이 있다. 그것은 무엇일까?

사자의 부름에 답하지 못한 동물이다. 어느 동물이 반항심이 강할까? '누가 하라는 대로 하지 않았지' 하는 생각이 들지 않는가? 답은 명료하다.

기린.
이유는 냉장고에 들어가 있으므로.

"계속 이런 패턴인 거야!" 하고 쓴웃음을 짓고 만다.
이 연속된 세 가지 질문에서 느낄 수 있듯이 우리는 눈앞에 일어나는 것을 단발적으로 잘라서 생각한다. 연속해서 이어서 보려면 일부러 의식적으로 생각해야 한다.

〈도표 27〉 발단의 연속을 생각한다

```
┌─────────────────────────────────────────────────┐
│   사업의 흑자화 : 1년 이내에 적자를 해소한다         │
│                    ↓──── 최초의 발단 ────        │
│   상품 생산 중 불량품이 많다                        │
│   납기까지 시간이 걸린다                            │
│   판로가 제한적이다                                 │
│                    ↓──── 최초의 발단 ────        │
│                                                 │
│                                                 │
│   ☐ ☐ ☐ ☐    ← 팀으로 진행할 때는               │
│                   메모지를 사용한다               │
└─────────────────────────────────────────────────┘
```

'발단'이라는 단어를 사용하면 연결해서 파고들어갈 수 있다

최초의 발단을 묻는다 '개인 편'

그러면 최초의 발단을 생각하는 프레임워크를 소개하겠다.

'최초'를 묻는 것은 무엇이 근본적인 문제인지 알기 위한 것이다. '근본'을 찾으려면 연쇄성을 가지고 더듬어 올라간다. 우선 개인으로 진행하는 3단계 순서를 설명하겠다.

❶ 프레임워크를 준비한다

A3 용지를 세로로 길게 사용한다. 긴 변이 8등분 되도록 접으면 그것이 '처음의 발단'을 묻는 프레임워크다.

❷ 테마를 설정해서 이유를 기록한다

맨 위칸에 '어떤 근본에 도달하고 싶은가?'를 써넣는다. 그리고 그 이유도 덧붙인다. 예를 들어 '사업 흑자 : 1년 이내에 적자를 해소하고 싶다'는 식으로 적어넣는다.

❸ '최초'를 반복한다

테마를 적어넣은 맨 위칸과 바로 아래칸 사이에 '처음의 발단'이라고 적는다. 여기에는 '애초에 왜 적자가 났는가?' 생각해 보고 떠오른 것을 적는다. 상품 생산 중 불량품이 많다, 판로가 제한적이다, 납품까지 시간이 걸린다 등 이유로 생각하는 것을 다 적어넣는다. 그리고 그 아래칸의 사이에 '처음의 발단'을 더 넣어서 이유 축을 만들어 계속 파고들어간다.

💬 최초의 발단을 묻는다 '팀 편'

팀으로 이 프레임워크를 진행할 때에는 맨 위의 '테마와 그 이유', '최초의 발단'만을 프레임워크에 직접 적어넣는다. 그 이외의 칸은 한 가지씩 함께 생각해도 되지만 내용을 적을 때는 개별로 메모지를 사용하자.

이렇게 하면 메모지를 합하거나 차이를 검토할 때 대화를 쉽게 진전시킬 수 있다.

💬 반복하여 근본에 도달한다

'최초의 발단'을 맨 밑까지 반복한다. 쓴 것을 받아서 생각한다. 그리고 쓴다. 또 그것을 받아서 생각한다. 그리고 쓴다. 이와 같이 계속 사고를 연결해 근본에 도달한다.

이 프레임워크는 한 번에 끝낼 것이 아니라 다른 자료를 찾아보거나 듣고 이해하는 작업을 거쳐 정보를 모으면서 시간을 들여 진행해도 상관없다. 문제의 근본이 무엇인지 최초의 상태를 확인하자.

FRAMEWORK 28 | 도박적인 요소를 줄이는 고객 접점 만들기

💬 회사를 어필하는 스토리

요즘 상품이나 서비스를 생산하는 기업의 스토리를 알려서 거기에 공감하는 고객과 연결하는 마케팅 방법이 주목받고 있다. 회사를 파악할 수 있는 스토리를 활용해서 우리의 팬이 되어 지지할 고객을 확실히 이어주는 방법이다.

자주 볼 수 있는 형태가 바로 창업자가 중요시하는 철학과 남다른 경력, 창업의 계기 등 '생각'을 명문화해서 세계관을 전달하는 것이다.

그런데 조직을 알리는 소재인 이 스토리에는 고객이 어디에서 어떻게 그 정보와 접촉하는지 대부분 고려되어 있지 않다.

아무리 훌륭한 회사임을 어필하는 스토리가 있어도 고객과 어떻게 접촉하느냐에 따라 그 가치는 크게 바뀐다.

💬 도박이 아니라 의도적

비즈니스에는 예측 불가능한 도박과 같은 일면이 있다. 브랜딩과 마케팅은 비즈니스에서 도박적인 요소를 가능한 한 줄이기 위해 고안한 프레임워크다. 즉 일관성을 가지고 의식해서 시도하며 그것을 계속할 때 자사의 가치를 높일 수 있는 것이다.

브랜딩과 마케팅을 이야기할 때는 아무래도 전술적인 면에 집중하는데, 자사의 비즈니스 가치를 높이기 위한 사고의 틀(=프레임워크)이라는 것을 기억하자.

💬 고객 접촉을 확인하라

그러면 도박처럼 운에 맡기는 것이 아니라 의도적인 조직 활동으로 '고객 접점 만들기'가 가능한 프레임워크를 소개하겠다.

사업을 하면 규모에 관계없이 항상 고객과 접촉한다. 음식점에서는 고객이 내점하기 전부터 접촉을 시작한다. 역 앞에서 쿠폰을 받았다, 가게의 메뉴 간판을 보았다, 전단지가 우편함에 들어 있었다, 친구가 가르쳐주었다 등 이 모든 것이 '고객 접촉'이다.

온라인 통신 판매도 마찬가지다. 스커트를 구매하려고 검색했다, 친구가 이용하고 있다, 인터넷 광고로 알았다 등이 모두 고객 접촉이다.

지금까지 지적한 대로 우리는 흐름과 연결을 파악하는 데 서투르다. 마케팅에서도 마찬가지로 '쿠폰을 준비해야 한다', '감사편지가 좋겠지', '명함이 중요하다는데'와 같은 단편적인 부분에서 파악하고 대응하는 경향이 있다.

고객 접촉의 흐름과 관계성을 파악하고 그것을 시나리오로 만들자.

💬 고객 접촉의 흐름을 만들어라

〈도표 28〉과 같이 음식점을 운영한다고 할 때 다섯 가지 접촉 단계가 있다. 각 단계에서 필요하다고 생각하는 내용을 메모지에 적어낸다. 이 프레임워크를 이용하면 다음 접촉과 연계를 생각해 마케팅 활동 전체를 재검토하는 데 매우 도움이 된다.

❶ 첫 방문 전

고객이 첫 방문을 하기 전이라면, 이 단계에서는 '고객이 방문하도록 하려면 무엇을 할 수 있을까?'를 생각해서 적어낸다.

❷ 방문하고 있을 때

점포 방문 중 '고객은 무엇을 느낄까?'에 대한 내용을 수집한다.

❸ 고객의 재방문을 바라다

고객이 재방문하게 하려면 '어떻게 하면 될까?' 그것만을 생각하자.

❹ 팬이 되어주기를 바라다

여러 번 방문한 고객이 '팬이 되게 하려면 무엇을 해야 하는가?'를 써내자.

❺ 입소문을 내다

팬이 된 고객이 입소문을 내려면 '어떻게 하면 될까?' 고민한다.

❻ 다 붙여서 보고 연결한다

각각 써낸 메모지를 프레임워크의 해당 부분에 모두 붙인다. 그것을 전체적으로 둘러보고 전후 흐름과 연결하여 생각한다.

전후 흐름과 연결하여 생각하면 회사를 어필하는 스토리를 점검해 볼 수 있다. 어느 단계에서 무엇을 이용하면 그 스토리와 고객을 연결할 수 있을까?

❷의 점포라면 나무젓가락 봉투에 스토리를 기재해서 고객이 요리를 기다리면서 읽도록 할 수 있다.

프레임워크로 정리한 접촉 단계를 활용해서 회사를 어필하는 스토리를 침투시키자.

〈도표 28〉 고객 접촉을 확인하는 프레임워크

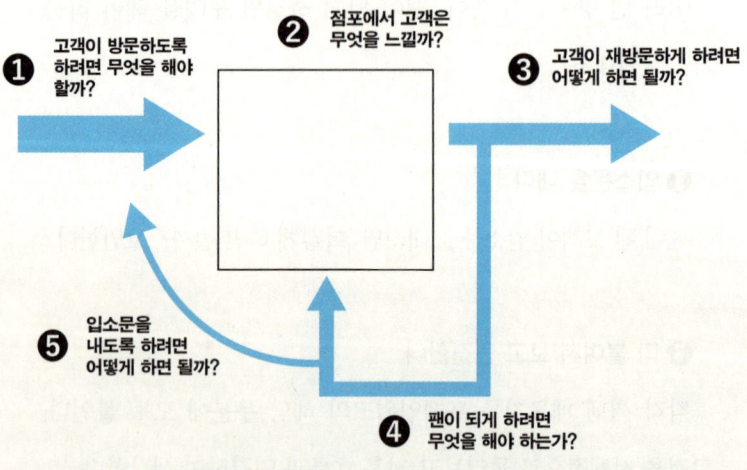

FRAMEWORK 29
사고 패턴에서 벗어나려면 고차원에서 생각하라

💬 누구나 자신은 옳다

우리는 대부분 '나는 객관적으로 공정한 관점에서 사실을 파악하고 있다', '나의 견해는 옳다', '저 사람의 사고방식에는 편견이 있다'고 생각하곤 한다. 회의에서도 누구나 자신이 옳다고 생각하며 발언한다.

그런데 과연 우리는 사실을 제대로 보고 있는 것일까? 회의에 참가해 프레임워크를 이용해 보면 관점이 바뀐 참가자들은 사실의 해석이 바뀌어 아집에서 벗어나거나 사실을 다시 파악하는 것이 가능해진다.

회의에서 대화할 때는 '누가'라는 개인적 접근뿐만 아니라

'생각의 구조'로 집단에 접근해야 한다.

💬 사고란 무엇인가

여기에서 '사고'를 생각해 보자. 우리는 매일 무엇인가 인풋(입력)하고 아웃풋(출력)한다.

입력이 '사실'이라면 출력은 '언동과 행동'이다. 회의에 참가할 때 '에어컨이 내는 소음'이라는 인풋이 있다면 우리는 '무시한다'는 아웃풋을 하고 있다.

들어간다, 나온다는 누구나 의식할 수 있다. 주목했으면 하는 것은 〈도표 29〉와 같이 인풋과 아웃풋을 연결하는 부분이다. 이 부분이 우리의 사고다.

〈도표 29〉 사고란 무엇인가

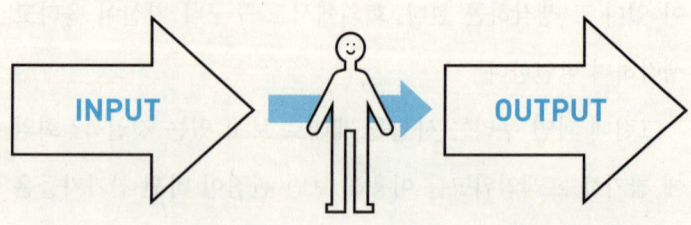

'인풋=입력'과 '아웃풋=출력'을 잇는 '프로세스=과정'이 사고다

이 부분을 프로세스(과정)라고 부른다. 프로세스에서는 어떤 일이 일어날까?

여기에서는 '해석'이 일어난다. 이 해석의 틀이 굳어지면 새로운 사실이 들어가도 굳은 틀에서 그것을 해석한다. 그러므로 아무리 상대가 친절하게 대하더라도 그가 자신이 싫어하는 사람이라면 '분명히 꿍꿍이가 있다', '성가시니 그만둬줬으면'과 같이 생각한다. 고맙다고 말할 수 없는 것도 그렇게 해석하기 때문이다.

관점을 바꾸면 해석이 바뀐다

이와 같이 우리는 사실을 정확히 받아들이고 있다고 하기 어려우며 자신의 해석을 우선한다. 사실을 새롭게 보기 위해 '다른 관점을 사용하는' 프레임워크를 소개한다.

사실을 새롭게 보기 위해 자기 관점, 타자 관점, 고차원 관점이라는 세 가지 관점으로 하나의 에피소드를 바라본다. 자신의 생각을 깨닫거나 상대가 말하는 것에 대해서도 이해의 자세를 취하고, 자신이나 상대의 입장 이외에도 다른 관점에서 생각할 수 있다는 효과가 있다.

고차원 관점에서 생각하기

세 가지 관점으로 생각하는 프레임워크는 A4 용지를 세로로 길게 사용한다. 긴 쪽을 3등분으로 접어서 상중하 세 개의 칸을 만든다. 프레임워크를 준비했다면 즉시 다른 관점으로 사실을 파악하는 '고차원 관점으로 생각하기'에 도전하자.

❶ 자기 관점에서 본다

중간 칸은 '자기 관점'이다. 알기 쉽게 부하직원을 지도한 경험을 예로 들어 설명하겠다. 부하직원의 부주의로 실수가 자주 발생한다고 하자. 이 에피소드에 대한 자신의 생각을 중간 칸에 그려넣는다.

'이런 실수를 반복하다니 이해할 수 없다!' 하고 매우 화가 난 자신과 작아진 부하직원을 그릴 수도 있다.

❷ 타자 관점에서 본다

다음으로 맨 아래 칸의 '타자 관점'에서는 동일 에피소드를 어떻게 해석하는지 생각하고 그려보자. 이 경우 야단을 맞고 있는 부하직원의 관점에서 생각한다.

'나도 어떻게 해야 할지……', '실수하지 않도록 조심했는데', '정말 면목이 없다' 등 작아진 모습을 그릴지도 모른다.

❸ 고차원 관점에서 본다

마지막으로 맨 위 칸이다. 지금까지 작성한 두 가지 관점을 초월한 '신의 관점'에서 에피소드를 다시 파악해 보자.

'부주의하여 일어난 실수를 방지하려면 조직을 재정비하자', '본인도 실수를 반복하는 것이 좋을 리 없다. 한번 본인의 이야기를 들어보자', '한 가지 개선에만 집중하자' 등과 같은 구체적인 대책을 찾을 수 있을지도 모른다.

아이디어를 수렴·집약해 가는 것과는 다른 얘기지만, '고차원 관점'의 단계로 생각하는 것은 자신과 타자의 관점 두 가지를 수렴·집약해서 새로운 가치를 찾아내기 위한 것이다.

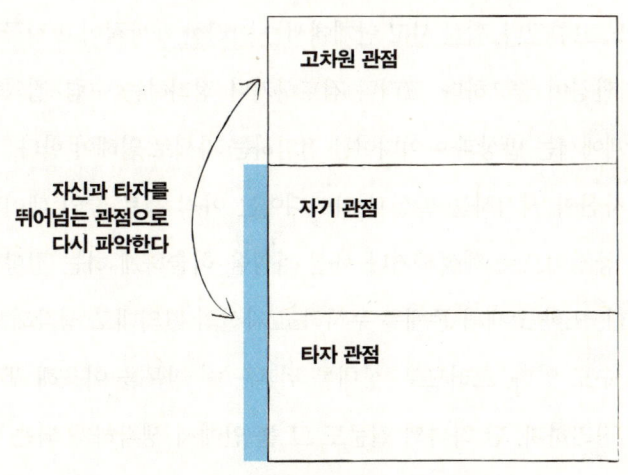

FRAMEWORK 30 | 고객 입장에서 생각하는 3방향의 질문 ★★

💬 질문으로 생각을 정리한다

회의에서 발상과 아이디어가 많아지면 참가자도 즐겁고 동기부여도 고취된다. 확산 사고 단계에서는 이러한 개방적이고 적극적인 환경이 중요하다. 그러나 검토하거나 정리하는 수렴·집약의 단계에서는 발상과 아이디어를 점검하는 자세로 임해야 한다.

자신이 지지하는 발상과 아이디어는 아직 검토 중인 데이터도 긍정적으로 해석하거나 사실 파악을 허술하게 하는 경향이 있다. 또한 고객의 존재를 무시하고 자신의 편의대로 생각해 버릴 수도 있다. 그러므로 '상대를 뒤흔드는' 질문을 이용해 생각을 정리하자. 단 하나의 질문도 그 틀 안에서 생각하게 되는 홀

륭한 프레임워크다. 발상과 아이디어에서 한 발짝 떨어져 '고객의 입장'에서 생각한다.

내가 현장에서 사용하고 있는 프레임워크로, 고객 이미지에 접근하기 위한 세 종류의 질문을 소개하겠다.

💬 깊이 파고드는 질문 '고객은 누구? 편'

어떤 상품이나 어떤 서비스도 사용하는 주체는 고객이다. 언뜻 보기에 대단한 기획과 사업안이지만 고객이 없다면, 판매자의 입장만 생각한 시나리오에 지나지 않는다.

우리의 새로운 아이디어가 필요한 사람은 누구일까?

그런 사람은 도쿄 23구에 얼마나 있을까?

그런 사람이 있다(그곳에 시장이 형성되어 있다)고 하는 이유는 무엇일까?

지지를 얻고 있는 발상이나 아이디어에 대해 다음과 같은 질문을 던져 깊이 파고들어 가보자.

- 그 사람은 누구인가?
- 어디에 사는가?
- 어떤 생활을 하는가?
- 어떤 일을 하는가?

- 어떤 잡지와 책을 읽는가?
- 기존의 상품이나 서비스에 대해 어떻게 생각하는가?
- 취미는 무엇인가?
- 최근 신경을 쓰고 있는 것은 무엇인가?
- 무엇이 불만이라고 생각하는가?
- 그 사람에게 우리를 알리려면 어떻게 해야 할까?

💬 깊이 파고드는 질문 '고객의 본심? 편'

고객이 누구인가와 함께 중요한 것이 '본심'을 파악하는 것이다.

예를 들어 웹사이트를 이용해 신상품 광고를 할 때 '웹사이트만 만들어놓으면 검색해 주겠지', '좋은 상품이니 입소문으로 퍼질 거야', '이런 상품을 틀림없이 찾고 있을 거야' 등 판매자 관점에서 긍정적으로 생각하기 쉽다.

세상에 흘러넘치는 셀 수 없이 많은 정보 속에서 어떻게 당신의 상품이나 서비스를 선택할까? 고객은 어떤 경로로 우리와 연결될까?

고객의 기분을 이해해야 비로소 '무엇이 광고에 어울릴지' 그 방향성이 보이기 시작한다. '고객의 본심은 무엇일까?'를 깊이 파고들어 가보자.

- 어떤 문제를 해결하고 싶은가?
- 언제 필요하다고 느끼는가?
- 왜 그 문제를 참을 수 없는가?
- 우리 상품이 아닌 것으로 해결할 수 있다면 그것은 무엇일까?
- 우리 상품에 대해 고객은 뭐라고 하는가?
- 그 문제를 가장 강하게 느끼는 것은 언제인가?
- 이 상품이 필요하지 않은 상황은?
- 처음 문제가 생겼을 때 어떻게 해결하려고 하는가?
- 사지 않는다면 어떤 이유일까?

💬 깊이 파고드는 질문 '자신이 고객이라고 한다면? 편'

'고객 만족'이라는 말은 사실 매우 애매하다. 언제, 어느 관점에서 만족하고 있는지 불분명할 때가 많기 때문이다. 이것을 정확히 알지 못해서 고객과의 관계 형성을 오해하고 마는 경우가 있다.

상품을 구매한 것만으로 만족했다고 할 수 없다. 지속적으로 신뢰받는 것, 판매가 반복되도록 하려면 '만족'이 무엇인지 알아야 한다.

고객은 무엇에 만족하는 것일까? '자신이 고객이라고 한다면?'을 깊이 파고들어 가서 가치가 무엇인지를 찾아보자.

- 왜 이 상품을 사는가?
- 이 회사를 신뢰할 수 있는 근거는 무엇일까?
- 이 상품은 어디가 마음에 들었는가?
- 할인 이외에 어떤 서비스가 마음에 드는가?
- 어떨 때 가지고 싶을까?
- 애초에 왜 사는 걸까?
- 기억에 남는 키워드는 무엇일까?
- 가격은 얼마가 적당하다고 생각할까?
- 가장 개선했으면 하는 점은 무엇일까?
- 만약 다른 상품으로 바꾸려고 한다면 그 이유는 무엇일까?

이상 세 방향의 깊이 있는 질문을 활용해 고객의 관점으로 검토를 거듭해 보자.

💬 질문의 종류를 의식한다

내가 회의에서 의식해서 사용하는 '질문의 형태' 일곱 종류를 소개한다. 질문을 만들 때 기본적으로 활용해 보자.

선택지를 준다

"그것은 A와 B 어느 쪽인가?"

대체안을 생각한다

"A가 어렵다면 어떻게 해야 할까?"

트레이드오프(하나를 얻으려면 다른 것을 포기해야 하는)**의 조건을 바꾼다**

"그것을 실현하려고 할 때 부담해야 하는 것은?"

근거를 정리한다

"사실은 무엇일까?"

상관관계를 생각한다

"그 외에 관계가 있는 것은?"

전제를 바꾼다

"예를 들면, 만약 ○○라고 하면 어떻게 되나?"

전혀 다른 경로를 찾는다

"그 외에는?"

FRAMEWORK 31 | 효율적으로 아이디어를 내는 '경계선 긋기'

💬 선을 그어서 영역을 나눈다

사업을 개선할 때, 대상이 막연한 영역이라면 생각하는 방향성을 좁힐 수 없다. 기껏 내놓은 발상과 아이디어가 쓰이지 못할 우려가 있다. 발상과 아이디어를 더 효율적으로 내려면 주력할 부분을 가늠해 내야 한다. '경계선을 그어보는' 프레임워크를 사용하면 문제가 되는 시장과 고객의 니즈를 명확히 할 수 있다.

경계선을 긋는다는 것은 '나눈다'는 것이다. 나눌 때 내용이 중복되지 않게 선을 긋는 게 중요하다.

갈레트 데 루아(galette des rois)라는 프랑스의 전통 과자가 있다. 새해를 축하할 때 등장하는 둥글고 큰 파이다. 온 가족이 나누어 먹는 것이지만 갈레트 데 루아에는 작고 귀여운 도자기 인형 한 개가 들어 있다. 자신의 파이 조각에서 이 인형이 나온 사람은 왕관을 쓰고 왕과 여왕으로 대접받으며 하루 종일 모든 사람의 축복을 받는다.

이 달콤한 케이크를 상상해 보자. 이것을 자르는 기준이 경계선에 해당한다. 크게 정중앙에 칼질을 해서 나누면 좌우로 나뉜다. 좌우를 합하면 원래의 온전한 케이크가 된다. 그 다음 가로로 이등분되도록 자르면 상하좌우의 4등분이 된다. 각각을 합하면 원래의 케이크가 된다.

즉, 경계선을 긋더라도 원래 있던 하나의 크기는 바뀌지 않는다. 그리고 영역이 나뉘더라도 '중복'은 없다. 이 전제를 지키기 때문에 좁혀가는 것이 가능하다.

파이에 숨긴 인형을 효율적으로 찾으려면 좌우로 나눈 후 왼쪽 파이 속을 찾는다. 못 찾았다면 오른쪽에 있다는 것을 알 수 있다. 오른쪽을 한 번 더 반으로 나누어서 4분의 1을 찾아보고 인형이 없으면 나머지에 있다는 것을 알 수 있다.

이와 같이 하나의 전체 크기는 변화가 없고 중복되지 않는다면 인형에 도달할 수 있다. 발상과 아이디어가 어디에 필요한지 그 영역을 좁히려면, 평소에도 경계선을 활용하는 사고방식을 습관화해야 한다.

〈도표 30〉 경계선을 그어도 케이크는 하나

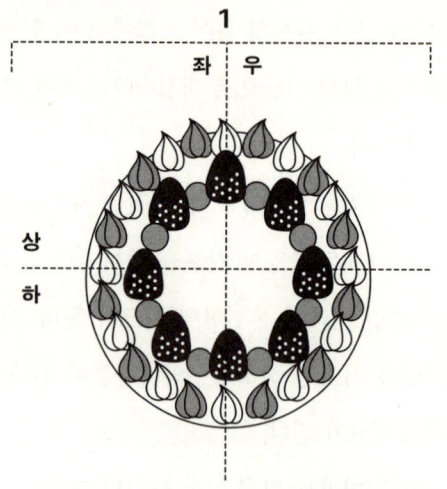

'1'의 크기는 변함없고 중복되는 곳도 없다

💬 경계선을 그어서 영역을 좁힌다

경계선에 대한 사고방식을 이해했다면 '경계선을 그어보는' 프레임워크를 소개하겠다.

예를 들어 브래지어가 상품이라고 하자. 브래지어 매출이 떨어질 때 발상과 아이디어의 에너지를 어디에 기울이면 좋을지 그 영역을 좁혀보자. 자사의 브래지어를 이용하고 있는 고객 전체를 100이라고 하면 그곳에 어떤 경계선을 그을 수 있을까?

먼저 케이크를 반으로 나누듯이 남녀로 2등분할 수 있다. 데

〈도표 31〉 경계선으로 영역을 나눈다

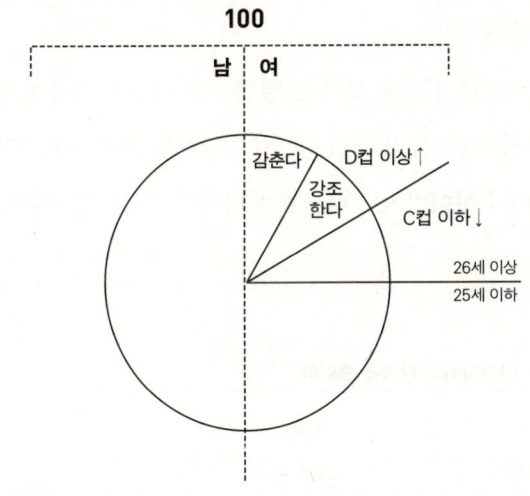

전체 100은 항상 같다

이터상으로는 여성 사용자가 대부분이기 때문에 '여성'을 남긴다. 다음은 이 '여성'의 경계선이다. 25세 이하, 26세 이상의 경계선으로 나눠보는 것도 가능하다.

고객 데이터에 비춰보아 30세 이상이 주요 고객이라면 '26세 이상'이 남는다. 여기에 '가슴 사이즈 C컵 이하', '가슴 사이즈 D컵 이상'의 경계선을 긋는다. 그 결과 먼저 대상을 '가슴 사이즈 D컵 이상'으로 결정한다. 다음으로 이 영역을 '가슴을 강조하고 싶다', '가슴을 감추고 싶다'로 나눈다…….

이와 같이 경계선을 반복해서 그어가면서 발상·확산 작업의 영역을 좁혀가자.

이때 '가슴을 감추고 싶다'는 영역에서 '가슴이 작아 보이는 브래지어'라는 상품을 발견할 수 있다. 영역을 좁혀가다 보면 새로운 발상이나 아이디어도 나오고 에너지를 쏟아넣을 방향도 정해진다.

〈도표 32〉 아이디어의 영역을 좁힌다

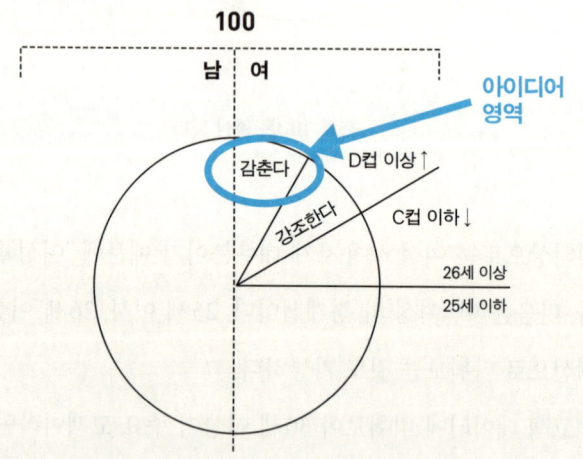

경계선으로 반복해서 나누어가다 보면 영역이 좁혀진다

FRAMEWORK 32 | 이미지를 공유하기 위한 '포스터 만들기'

★★

💬 말의 한계

회의에서는 대부분 말로 정보와 생각을 교류한다. 말로 주고받다 보면 대화가 '논리적'으로 느껴지겠지만, 사실은 추상적인 대화가 오가고 있을 가능성이 크다. 분위기 전환을 겸해서 이것을 확인해 보자. 인원은 네 명 정도가 적당하다.

예를 들어 누구나 알고 있는 동물인 '개'라는 말을 확인해 본다.

❶ A4 용지를 준비한다

세로로 길게 두고 정중앙에 '자신이 개라고 생각하는' 그림을 그린다. 사람마다 그리는 개가 다를 것이다. 신경 쓰지 말고 그려보자.

❷ 10개의 선을 긋는다

자신이 그린 개 그림에 좌우로 다섯 개씩 선을 그려넣는다. 이것으로 모든 준비가 끝났다. 여기서부터는 다른 사람에게 자신의 종이가 보이지 않도록 숨기면서 진행한다.

❸ 10개의 단어를 쓴다

'개'에서 연상되는 단어를 2분간 적어보자. 그어놓은 선 위에 적으면 알기 쉽다. 10개를 다 쓴 사람은 용지를 엎어놓는다.

❹ 일치율을 확인한다

연상한 10개 단어 중 네 사람이 동일한 단어를 쓰고 있을 비율은 어느 정도일까? 20~30퍼센트는 동일하리라고 예상하겠지만 '0'이라는 결과가 대부분이다. 가끔 한두 개 일치하는 그룹이 나올 뿐이다.

이 작업으로 알 수 있듯이 '개'라는 단어에서 연상되는 이미지는 사람마다 제각각이다. 말만으로는 인식의 오차를 줄이기에는 한계가 있다.

💬 포스터를 만든다

조직 내의 차이를 방지하는 프레임워크를 소개하겠다.

백문불여일견(百聞不如一見). 유명한 옛말의 의미가 나타내는 그대로다. 언어적 표현과 비주얼적인 표현은 정보량에서 압도적으로 차이가 난다. 발상과 아이디어를 수렴하는 수단으로 '포스터를 만드는' 프레임워크를 사용하면 쉽고 구체적인 이미지를 공유할 수 있다.

3인 1팀으로 진행한다. 회사의 다음 분기를 위한 공유 이미지를 포스터로 만드는 작업을 예로 설명하겠다.

준비

❶ 용지를 준비한다

완성 이미지를 상상하기 쉽도록, 작업하려는 포스터와 동일한 크기의 종이를 준비한다.

❷ 사전 자료를 배포한다

경영자나 리더, 매니저가 포스터 이미지를 만들기 위해 생각해 봤으면 하는 주제와 경영이념, 사업계획 등 관련 자료를 배포하고 설명한다.

밑그림 작성

❸ **팀마다 배포 자료를 파악한 뒤에 어떻게 표현할지 개별로 메모지에 적어낸다**

팀이 하나가 되어 준비하고 있다는 의미에서 원으로 둘러앉은 모습이 어울릴 수도 있다. 어떤 이미지를 가지고 있을지 다 적어내어 공유한다.

❹ **밑그림을 만든다**

공유하면서 팀이 전달할 이미지를 선택하기 위해 포스터에 반영할 메모지를 고르자. 선택한 메모지로 대략적인 포스터 이미지에 대해 대화하면서 구성해 가자. A4 용지에 대략적으로 그린다.

마무리

❺ **포스터를 만든다**

콜라주(붙이기)와 직접 그린 일러스트 등 표현 방법은 뭐든 좋다. 포스터를 완성한다.

❻ **전시회를 연다**

회사의 모든 벽에 완성된 포스터를 붙이고 전시한다.

포스터의 목적은 공유다. 팀마다 완성한 모든 포스터를 평소 생활하는 사무실에 붙여두자. 테스트 마케팅(신제품을 판매할 때, 미리 특정 지역을 골라 소비자의 선호도를 조사·분석하여 전체의 경향을 예측하는 일) 후 대상 고객 조정이 들어가거나 서비스의 강도 설정이 변화할 때에도 이 포스터로 되돌아가서 '이미지를 진화'시키고 방향성과 메시지를 항상 공유한다.

〈도표 33〉 회사의 메시지 포스터의 예

신뢰를 키우다
인재 육성, 관계 육성, 기술 육성
체험을 디자인하는 회사
adEX

기쁨 × 미소 × 도전
체험을 디자인하는 회사
adEX

이념과 이번 분기의 주력 메시지를 통일해 포스터로 만든 사례

FRAMEWORK

33 | 메시지는 에피소드와 증거로 구성하라

★★★

💬 에피소드와 증거란

마케팅과 브랜딩에서는 '고객에게 무엇을 전달하고 싶은가?' 하는 메시지를 작성하고, 전단지, 웹사이트, 뉴스레터와 같은 판매촉진 도구를 활용한다. 내가 진행하는 프로젝트에서는 고객의 마음에 도달하는 메시지를 보내기 위해 '에피소드'와 '증거'를 수집한 후 메시지를 작성한다.

여기에서 말하는 에피소드는 고객과의 관계성 속에서 형성된 '감동체험' 같은 호의적인 사실이 중심이 된다. '고객의 소리'라는 설문조사뿐만 아니라 고객과 직접 접촉하는 현장에서 일어나는 일들이다. 예를 들어 생산성이 높아졌다, 초일류 강사진에게 배웠다, 석 달 동안 체중이 10kg 빠졌다 등 상품과 서비스 사용 결과 일어난 사실이 에피소드다.

증거는 그 에피소드를 뒷받침하는 것이다. 예를 들어 '초일류 강사진'이라는 에피소드에 대한 증거는 '대회 최우수상 수상', '심사위원장 역임', '유명 잡지에 게재되었다' 등이 될 수 있다.

💬 메시지 매트릭스를 만든다

메시지 발신에 필요한 정보를 한 장으로 정리하는 프레임워크인 '메시지 매트릭스'를 소개한다. 에피소드와 증거를 모으고 그것을 활용하기 쉽게 정리해서 메시지 발신을 위한 소재를 모으는 메모장으로 활용할 수 있다.

마케팅과 브랜딩 현장에서 일어나기 쉬운 것으로 '그때그때의 상황에 맞추어 대응하는' 관리가 있다. '웹사이트를 리뉴얼하기로 결정했다', 'DM을 발송하기로 결정했다' 등 발생하는 프로젝트마다 그 자리에서 메시지를 생각하고 대응하는 것이 당연한 일처럼 일어난다. 일관된 판단과 활동을 할 수 있게 메시지 매트릭스를 작성하고, 매체와 도구에 차이가 있더라도 고객에게 다다르는 메시지가 흔들리지 않는 시스템을 갖추자.

정보수집과 정리

❶ 소재를 수집한다

에피소드, 증거의 소재를 팀 멤버 개별로 모은다.

에피소드는 메모지 한 장에 한 가지씩 적어서 모아두자. 증거로는 데이터와 파일, 자료 문서 등을 수집한다.

❷ 팀과 공유한다

수집한 소재를 팀과 공유한다. "이런 에피소드가 있었군!" 하고 놀랄 만한 사실을 취합할 수 있으므로 확실히 공유한다.

❸ 메시지 매트릭스의 준비

메시지 매트릭스는 세로축 '가치', 가로축 '기능'의 조합으로 소재를 정리한다. 모 교육기관에서 작업하면서 실제로 작성한 메시지 매트릭스의 가치와 기능 항목을 예로 들면 다음과 같다.

세로축······ 학교의 가치
극진함, 자기실현, 성장, 안도감, 특별하다는 느낌

가로축······ 학교의 기능
커리큘럼, 입지·설비, 해외교류, 강사·스태프, 학우, 학비

〈도표 34〉 메시지 매트릭스의 예(전문학교의 입학 신청자 광고)

기능 →

가치 ↓

	커리큘럼	입지·설비	교류 이벤트	강사·스태프
극진함				전문 스태프에 의한 충실한 보안유출 대책 지도
자기실현	자격 취득	도내	특별연수	복수 담임제
성장	선배와의 교류 모임		다른 업종 해외	개인 교사 수배
증거	합격률 데이터 연간 행사 데이터		과거 학생 레포트 모음 학생 설문조사 자매학교 리스트 과거의 해외 연수처 리스트	취업 상담 사례집 전문 스태프 수와 경력 복수 담임제의 그림 자료 대학과 연계 리스트 개인 교사 수와 실시 사례

메시지 매트릭스로 통일된 메시지를 발신할 수 있다

💬 수집한 정보를 분류해서 정리한다

메시지 매트릭스의 가치와 기능의 조합에 어느 에피소드가 적합한지 수집한 소재를 분류한다. 예를 들면 '극진함'과 '강사·스태프'의 조합에는 어떤 에피소드가 어울릴까? '전문 스태프의 충실한 보안유출 대책 지도', '연필과 칼을 쥐는 법부터 가르친다' 등이 해당한다.

그리고 그 에피소드를 뒷받침하는 데이터와 자료를 증거 칸에 모두 정리하자. 공란이 있으면 그대로 둘지 추가할지 판단하고,

한 장으로 메시지를 관리할 수 있는 매트릭스를 완성한다.

💬 일관성을 유지해서 오해를 만들지 않는다

메시지 매트릭스는 자사 내부의 이해뿐만 아니라 마케팅 대책 지원과 판매촉진 도구 제작 등과 같은 외주를 운영할 때 외부 사람들에게 지시할 때에도 활용할 수 있다. 메시지 매트릭스로 가치와 기능의 어느 조합을 강하게 발신하고 싶은지, 그리고 뒷받침하는 자료가 있는지 모든 것을 한 장으로 설명할 수 있다는 점에서 매우 유용하다.

누가 관련되더라도 공통 프레임워크를 사용해서 의식적으로 일관된 메시지를 관리하는 시스템을 갖추자.

FRAMEWORK 34

구현하기 위해서 4개 축으로 정리하라

★★

💬 아이디어를 구체화한다

"발상은 좋지만 구체적으로 상품은 어떤 느낌일까?" "콘셉트는 이해했는데 구체적으로 보고 싶다." "강점을 알 수 있는 것은 좋은데 실제로 그것을 살리려면 어떻게 하면 좋을까?" 이렇게 아직 존재하지 않는 것을 형태로 보고 싶다고 요구받은 적이 있을 것이다.

이러한 요구에 대응하기 위한 회의에서는 수집한 발상과 아이디어를 정리해서 '구체적인 형태'로 형상화한다.

💬 네 가지 기준으로 정리한다

구체적인 이미지를 그리기 위해, 네 가지 기준으로 아이디어를 정리하고 그 결과로 형태를 만들어가는 프레임워크를 소개하겠다. 네 가지 기준은 다음과 같다.

- **기본 가치**   상품이나 서비스가 약속하는 기본 가치
- **필요성**   고객이 느끼는 필요성
- **부가 기능**   필요성에서 생각되는 부가 기능
- **디자인 요소**   필요한 디자인 요소

〈도표 35〉 네 가지 기준의 관계성

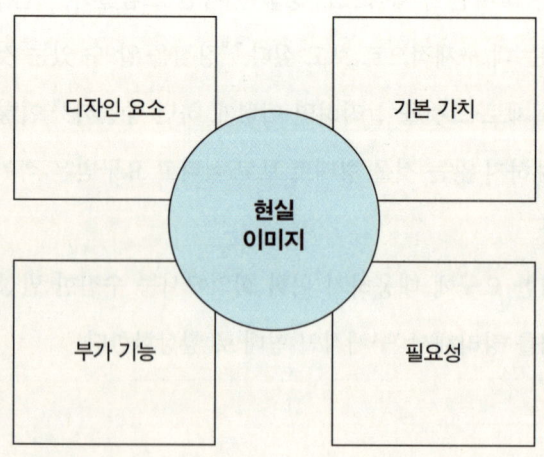

〈도표 35〉와 같이 네 가지 기준을 적은 워크시트를 한 사람당 한 장씩 사용하고 팀으로 작업한다. 정보는 각자 적어내고 팀에 공유한다. 이 순서를 되풀이한다.

❶ '기본 가치' 정보를 정리한다

기본 가치는 상품이나 서비스에서 빠지면 그 상품이나 서비스가 성립하지 않는 것을 기준으로 생각한다. 결정적인 기본 가치와 상식화된 기본 가치가 혼재해도 상관없다.

예를 들어 '새로운 휴대전화'가 테마라고 하자. 기본 가치로 어떤 것을 생각할 수 있는지 써보자.

기본 가치
- 통화할 수 있다
- 메일을 송수신할 수 있다
- SNS를 이용할 수 있다
- 사진을 찍을 수 있다

❷ '필요성'을 생각한다

지금 실제로 휴대전화를 사용하고 있는 고객은 어떤 필요성을 느끼고 있는지 상상하면서 적어보자. '새로운 휴대전화'라는 테마에서는 자신도 이용자이므로 자신이 느끼는 필요성을 적어내면 된다.

필요성
- 핸즈프리
- 떨어뜨리는 것을 방지하고 싶다
- 간이 프로젝터가 된다
- 가벼움
- 부드러움

❸ '부가 기능'을 생각한다

기본 가치와 필요성을 기준으로 적어낸 내용을 보고, 추가하면 해결될 것 같은 기능을 생각한다. 있을 수 있는지 없는지에 신경쓰지 말고 필요성을 만족시킬 수 있는 기능으로 의견을 도출한다.

부가 기능
- 어깨 고정 가능
- 마사지 기능
- 골전도(음파가 두개골에 전도되어 직접 속귀에 전달되는 현상)로 통화

- 프로젝터 기능

❹ '디자인 요소'를 고안한다

기능을 결정하면 디자인 요소를 구체적으로 고안하는 단계로 진행한다.

디자인 요소
- 눈에서 프로젝터 빔 투영
- 어깨에 고정
- 실리콘 재질의 외형

지금까지 네 가지 기준을 이용해 정보를 다시 검토했다. 이것을 하나로 정리하면 어떤 구체적인 이미지가 그려질까? 결과로 떠오른 구체적인 형태는 무엇일까?

예를 들어 '문어 모양'을 떠올렸다면 디자인 요소에 그것을 추가하자.

❺ 마지막으로 정중앙에 결과를 구체화한 이미지를 그려넣는다

이와 같이 수렴·집약의 방식으로 정리하면 결론에 이르는 '프로세스'를 공유할 수 있다. 즉, 사고의 히스토리가 남아 있는

것이다. 아이디어를 내면 결과만 공유하기 쉽다. 프로세스와 결과를 한 장으로 정리해서 취합하는 방식으로 하면 서로를 깊이 이해할 수 있다. 이로써 프로세스 안에서 아이디어를 변경해서 다른 가설로 발전시킬 수도 있다.

〈도표 36〉 4개축 프레임워크 예시

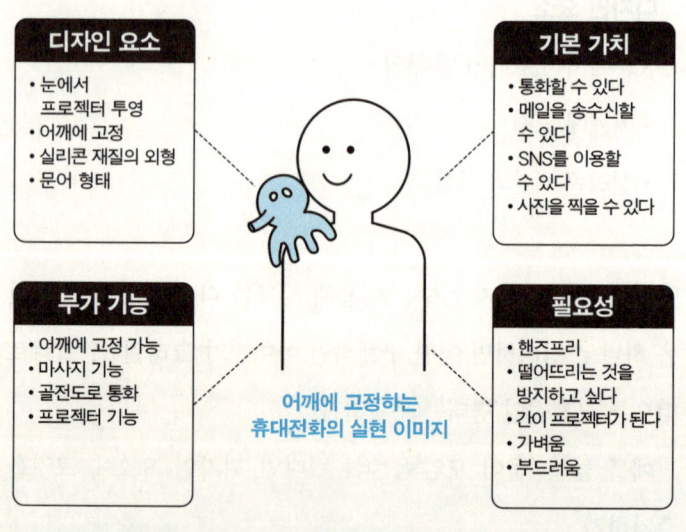

발상의 확장은 물론 구체적인 가설로 정리하는 것이 중요하다

FRAMEWORK 35
DSC 리스트로 행동을 분류하라

💬 가치를 만드는 작은 행동

마케팅에서는 로고 등의 디자인 표현을 많이 쓴다. 이때 매체나 판매촉진 도구가 다르더라도 일관된 메시지를 전달하기 위해 '톤&매너'(작업물에 관한 색상 분위기나 방향성, 표현 방법에 관한 전반적인 것)라고 하는 디자인 표현 취급설명서를 만든다.

브랜딩에서도 추천 규정(= Do), 금지 규정(= Don't)에 따라 가치 만들기와 관련된 사람들의 행동을 관리하는 자료를 정리한다.

예를 들어 당신이 제공한 서비스가 '샐러리맨이 피로를 풀고 건강해지는 이자카야'라고 한다면 인사말과 관련된 추천 규정은 '다녀오셨어요!', 금지 규정은 '어서오세요!'가 될 수 있다. 이러한 일관적인 작은 행동이 가치를 만든다.

'판매량을 늘려간다', '고객 1인당 구입액을 늘린다', '점포 앞 접객 개선' 등 회의 테마는 행동과 연결시킨다. 매출과 이익은 멤버의 행동과 판단의 결과다. 달성 목표와 그것을 실현하는 행동과 연결해야 한다.

💬 DSC 리스트를 만든다

나는 달성 목표와 실제 행동을 연결하기 위해 DSC 리스트를 정리했다. DSC는 Do, Stop, Continue 세 가지 머리글자를 조합한 것이다. 이것에 대해서는 프레임워크의 순서와 함께 소개하겠다. 이 프레임워크의 목적은 행동을 취합하여 그것을 정리하는 것으로, 무의미한 행동을 판별해 내고 새로운 행동을 받아들이기 쉽도록 구조를 정비하는 것이다.

회의에서는 '새로운 대처가 필요하다'는 암묵적인 전제가 있기 때문에 '행동을 추가하는' 것에 사고를 집중하고 만다. 그러나 단순히 추가하는 것뿐만 아니라 현재의 행동을 다시 파악할 필요도 있다. 행동을 점검하기 위해 DSC 리스트를 만들자.

❶ 행동을 취합한다

테마에 관한 행동을 취합한다. 예를 들어 '점포 앞에서 접객 개선'이라면 점포 앞에서 어떻게 행동할지 생각나는 대로 멤버가 각자 적어낸다. 지금까지와 동일하게 메모지 한 장에 한 가지 행동을 적어내자. 인사말과 상품 안내 방식, 포장 등 떠오르는 대로 적는다.

지금 하고 있는 것뿐만 아니라 새롭게 도입했으면 좋겠다고 느끼는 아이디어도 써보자. 3분 동안 진행한다.

❷ 모조전지에 붙여나간다

가로로 길게 벽에 붙인 모조전지에 각자 써낸 메모지를 모두 붙인다. 붙인 후 한 사람씩 보충설명을 하면서 팀과 아이디어를 공유한다.

❸ 취합한 행동을 세 가지로 분류한다

행동을 개선해야 한다면 DSC 사고방식으로 분류한다. 'Do=하기 시작한다', 'Stop=멈춘다', 'Continue=계속한다'의 세 가지다.

행동 개선이란 새로운 시작뿐만 아니라 멈추는 행동을 결정하는 것이기도 하다. 또한 잘 되고 있는 것에 무턱대고 새로운 행동을 추가하면 잘못될 수가 있으므로 계속할지 여부를 동시에 판단해야 한다.

모조전지에 붙인 행동을 팀과 대화하면서 세 가지로 나누어

간다. 모조전지를 세로로 3등분해서 영역을 나눈다. 왼쪽부터 'Do=하기 시작한다', 'Stop=멈춘다', 'Continue=계속한다'로 나누어서 메모지를 새로 붙인다.

❹ 행동의 레벨을 판별한다

영역마다 새롭게 붙인 메모지를 재확인하고 레벨로 분류한다. 난이도별로 행동을 나누자. 레벨은 10단계를 기준으로 생각한다. 난이도가 낮은 것은 1~2 정도로, 다른 대처가 필요하거나 현장의 경험이 중요한 것은 8~9 정도의 수치를 매긴다.

이로써 Do, Stop, Continue의 영역마다 레벨로 분류된 행동을 모두 정리했다.

💬 DSC 리스트를 활용한다

달성하려는 목표에 필요한 행동을 정리했으니 이제 이것을 활용하는 단계로 들어가자. 리스트가 리스트인 채로 끝날 것이 아니라 확실히 행동으로 옮기기 위해 좀 더 고민하자. 다음과 같이 3단계로 진행하기 바란다.

❶ 분류한 결과를 DSC 리스트로 정리하고 일정과 담당을 정한다

행동 개선은 '행동하는' 것으로 실현된다. 회의 결과를 현장에 쉽게 적용해 모든 사람이 사용할 수 있도록 하자. DSC 리스트는 적어낸 것으로 끝나는 것이 아니라 현장에서 기능하는 것이 목적이다.

❷ 행동의 우선순위를 매긴다

10단계를 1과 2, 3과 4, 5와 6, 7과 8, 9와 10의 다섯 그룹으로 나누고 각각의 그룹이 대처할 주요 행동을 결정한다. 레벨이 높은 것에는 긴급성이 낮아도 중요도가 높은 내용을 포함하고 있을지 모르니까 개선하면서 치우치지 않도록 한다. 행동을 선별할 때는 서로 영향을 줄 관련성이 높은 것을 선택하는 것이 좋다.

❸ 지속적으로 행동을 되짚어본다

작성한 DSC 리스트는 현장에서 실행 체크 리스트로 활용하면서 지속적으로 행동을 되짚어본다. 회의 현장에서도 참가자 전원을 진행 관리하는 리스트로 활용할 수 있다.

〈도표 37〉 DSC 리스트의 프레임워크

Do=할 것			Stop=멈출 것			Continue=계속할 것		
	레벨	일정		레벨	일정		레벨	일정

가지고 다니면서 행동을 되짚어본다

FRAMEWORK 36 | 활동의 축을 만들기 위해 '약속 생각하기'

💬 내세우는 것

팀과 조직 활동은 대의명분과 목적을 내세운다. 미션과 브랜드 아이덴티티, USP(unique selling proposition) 등 불리는 방식은 다루는 대상과 목적에 따라 달라진다.

이들의 공통점을 인간의 신체에 비유하면 '척추'와 같다. 활동의 축, 우리가 서 있는 위치의 중심축이라고 할 수 있다.

우리의 "가치는 무엇일까?" 하는 질문은 시장에서 "어떻게 인지되고 싶은가?"와 동일하다. 인지되고 싶은 것을 크게 외쳤다고 해서 실현되는 것은 아니라는 점이 어려울 뿐이다.

누군가 '친절한 사람이구나' 하고 평가받는다면 그것은 '친절하다'고 해석되는 말과 행동을 반복하여 쌓은 결과일 것이다.

항상 웃는 얼굴로 인사한다, 화내는 것을 본 적이 없다, 남을 돕는 것을 마다하지 않는다, 불평을 하지 않는다, 남의 입장에서 생각한다 등 친절한 사람이라고 생각되는 행동이 쌓여서 사람들의 마음에 '친절한 사람' 이미지를 형성하는 것이다.

상품과 서비스도 마찬가지다. 내세우는 대의명분이 '고객에게 더 좋은 상품을 더 싸게'라면 고객이 '싸다, 품질이 좋다'고 생각하게끔 행동을 반복해야 한다. 내세우는 메시지와 실행에 차이가 없는 것이 중요하다.

손해를 보더라도 약속은 지킨다

모든 조직은 고객, 종업원과 약속을 지키는 활동을 계속한다. '무엇을 약속하는가'를 항상 자신에게 질문하고 조직의 가치를 지속할 필요가 있다.

㈜대지를지키는모임은 유기농 식자재와 친환경 생활용품의 택배사업을 전개하는 사회적 기업이다. 홈페이지를 방문하면 다음과 같이 그들의 미션을 볼 수 있다.

- 국내 제1차 산업을 지키고 육성하는 것
- 사람의 생명과 건강을 지키는 것

• 지속 가능한 사회를 창조하는 것

이 미션과 나란히 다음과 같은 '안심의 약속'이 있다.
'독자적이고 엄격한 기준을 통과한 상품만 보내드립니다.'
그리고 '대지를 지키는 모임'이 취급하는 상품 카테고리마다 자사의 상품이 어울리는지, 어떤 독자적인 기준으로 선별하고 있는지 그 요점에 대한 해설이 있다.

그들이 게재한 약속을 지키기 위해 실행하는 것 중에 '품절'이 있다. 통신판매 등에서 품절은 '지금은 주문할 수 없습니다. 재고가 없으므로 보내드릴 수 없습니다'와 같은 뜻이다. 원래는 주문 전에 얻을 수 있는 정보지만 '대지를 지키는 모임'은 주문 후에 품절을 알 수 있다.

예를 들어 무를 주문했다고 하자. 일반 기업이라면 주문을 받고 상품을 배송하지 않는 것은 심각한 문제이기 때문에 전국을 샅샅이 뒤져서 어떻게든 상품을 조달하려고 노력한다.

그러나 '대지를 지키는 모임'은 그렇게 하지 않는다. 자신의 독자적인 기준을 통과한 상품을 그 당시에 확보하지 못하면 주문한 회원에게 품절임을 알려준다. 물론 결제는 필요하지 않다. 주문을 받은 후라도 이때는 품절로 바뀌는 것이다. 확실히 주문 받은 만큼의 매출은 손해다. 그러나 눈앞의 매출, 이익을 우선하는 것이 아니라 '안심의 약속'과 미션 중 하나인 '사람의 생명과 건강을 지키는 것'을 우선하고 있다는 것을 알 수 있다.

약속을 생각한다

그러면 '약속을 생각하는' 프레임워크를 소개하겠다.

회의에서 우리가 무엇을 해야 하는지 판단할 순간이 있다. 상품 개발의 방향성과 마케팅 정책, 사업 정리 등 조직이 실행하는 행동을 결정하는 것이다.

이 행동이 '우리의 약속'을 지키는 것인지 점검한다. 또 신규 사업이라면 그것이 약속을 통한 판단인지 비춰보아 팀 멤버가 가장 우선하는 게 무엇인지 인식할 수 있다.

❶ 우리의 조직이 무엇을 내세우고 있는지 팀과 공유한다

'어떤 약속을 하는지' 개별로 메모지에 적어낸다. 3분간 진행하고 적어낸 것을 모두 팀과 공유한다. 서로 이야기하면서 '닮은 것을 모으는' 방법으로 그룹을 나누고 그룹마다 약속을 한 문장으로 정리한다.

❷ 약속 그룹마다 '약속을 지키는 행동'을 적어낸다

이미 하고 있는 것과 앞으로 필요하다고 생각하는 것, '약속

을 지키는 행동'을 개별적으로 적어낸다.

예를 들어 '신속한 대응'이라는 약속 그룹이라면 행동 아이디어는 '24시간 이내 답변', '고객 정보 카드를 정비해서 문의하면 열람할 수 있도록 한다' 등이 있다.

❸ 다시 팀과 공유하고 약속을 지키는 행동을 모아 우선순위를 매긴다

신속한 대응을 실현하는 행동 아이디어로 언급된 '24시간 이내 답변'과 '고객 정보 카드를 정비해서 문의하면 열람할 수 있도록 한다'는 두 가지를 비교해, 간단하고 실행하기 쉬운 '24시간 이내 답변'을 월간 주력 활동으로 최우선으로 철저히 지킨다.

이 프레임워크에 임하면서, 약속과 행동이 연결되어 조직의 가치를 높이고 있다는 것을 실감할 것이다.

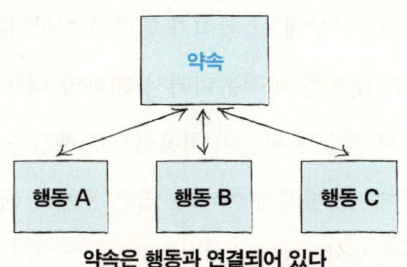

약속은 행동과 연결되어 있다

FRAMEWORK 37 | 문제를 발견하려면 갭을 그려라

💬 현상과 이상의 갭을 생각한다

회의는 테마가 무엇이든 해결하는 것이 목적이다. 회의 테마는 '제품 A의 매출 개선에 대해서'와 같이 우리가 해결하려는 목적을 그대로 다룬다.

그러나 현상과 이상에 큰 차이가 있다면 이야기를 나누는 테마가 이상으로 내세운 목적뿐이어서 대화의 내용이 세밀해지지 않는다. 앞서 서술해 왔듯이 최종적으로 해결을 바라고 있는 것은 사실 '문제' 그 자체가 아니다. 작은 문제의 해결이 하나하나 쌓여갈 때 이상에 도달하는 것이다.

💬 작은 스텝으로 나누면 이상에 가까워진다

예를 들어 영어 단어 1,000개를 암기하는 것이 이상이라고 하자. 현실에서 100개 외우고 있는 사람, 500개 외우고 있는 사람이 있을 때 이상의 수치는 같더라도 현실과의 갭이 다르기 때문에 이상으로 향하는 프로세스도 달라진다.

어느 쪽이든 이상과 현상의 차이를 메꾸는 것이 문제 해결이고, 그것을 위해서는 갭이 어느 정도이고 어떤 것인지 파악할 필요가 있다.

💬 갭을 그리다

'현상 → 이상'에서 중요한 것은 '→'이다. 여기에 문제가 숨어 있다. 즉, 현상과 이상의 갭을 발견하고 그것을 해결하는 것이 문제 해결이다. 지속적으로 문제를 해결해 나가면 목적은 달성된다.

여기에서는 회의 의제와 테마를 설정하기 위해 '갭을 그리는' 프레임워크의 활용을 소개한다. 다음과 같이 3단계로 진행한다.

❶ 먼저 현상을 파악한다

〈도표 38〉과 같이 프레임워크에 있는 '현상'에서 시작한다. '뚱뚱하다 → 날씬하다'는 것을 예로 설명하면 현상은 '뚱뚱하다'에 대한 부분이다. 여기에 관한 모든 정보를 적어낸다.

구체적으로 '뚱뚱하다'는 것은 어떤 것인지 현상을 파악한다. '체중'과 같이 알기 쉬운 정보뿐만 아니라 스트레스를 느끼는 것과 생활 리듬을 무너뜨리는 것 등 떠오르는 것은 다 적어내자.

- 체중이 5kg 늘었다
- 허리둘레가 늘고 바지가 꽉 낀다
- 건강검진에서 대사증후군 진단을 받았다
- 술자리가 연이어 있다
- 귀가 시간이 늦어 수면이 부족하다
- 스트레스로 간식이 늘고 있다
- 부부 사이가 좋지 않다
- 해장 라면을 끊을 수가 없다 등

❷ 이상을 그리다

현상을 파악하면 다음은 이상을 그린다. '날씬하다'는 것은 어떤 것인지, 어떤 방식으로 날씬해질 것인지, 어느 정도나 날씬해질 것인지, 자신의 이상을 적어낸다.

- 체중이 ○○kg이다
- 바지를 맞추지 않아도 입을 수 있다

〈도표 38〉 현상과 이상의 갭을 그리는 프레임워크

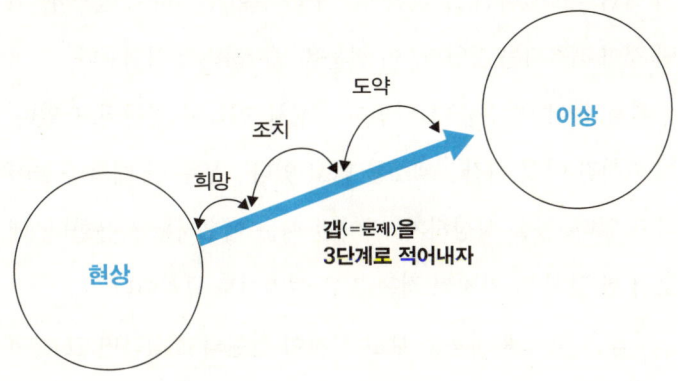

이상에서 현상으로 거꾸로 진행하며 갭을 파악한다

- 안색이 좋다
- 자신감이 생긴다
- 부부 사이가 좋다
- 푹 잔다
- 천천히 먹는다
- 건강검진의 수치가 개선된다 등

❸ 갭을 적어낸다

현상과 이상, 현재와 바라는 모습의 갭 속에서 문제를 발견한다. 갭을 적어내는 출발점은 현상이 아니라 이상이다. 모든 이상이 실현되고 있다면 그 직전에는 무슨 일이 일어나고 있을까? 어떤 것이 해결되는 것일까? 이 질문을 생각하면서 적어낸다.

예를 들어 '발걸음이 가볍다', '생활 리듬이 정돈되고 있다' '수면시간 여섯 시간', '채소를 먹고 있다', '부부 간 대화가 늘어나고 있다' 등을 상상하자. 적어낼 때는 메모지를 사용한다. 메모지 한 장에 한 가지씩 적는 것은 여기서도 규칙이다.

다음은 적어낸 내용을 보고 그것이 실현되고 있다면 그 직전에는 어떤 일이 일어나고 있는지를 생각해서 적어낸다. 이것을 전부 3회 진행한다. 희망, 조치, 도약의 단계마다 무슨 일이 일어나고 있는지, 어떻게 되고 있는지, 이상에 근접하고 있는지 관련성을 파악한다.

여기까지 모든 정보를 갖추었다. 즉, '→'의 내용을 다 파악한 것이다.

FRAMEWORK 38 | 인과관계와 상관관계를 나누어 목표를 의심하라

💬 비교할 수 있는 것, 비교할 수 없는 것

우리는 경쟁사를 조사, 비교해서 자사의 상품이나 서비스가 '경쟁사와 어떤 차이가 있는지'를 탐색한다. 또는 고객 설문조사와 모니터 등을 이용한 고객 조사를 집계해서 '선택받지 못하는 이유와 선택받는 이유'를 찾으려고 한다.

동일한 것을 비교하여 차별화를 알 수 있다면 그것이 매출에 영향을 끼치는 요인인 것은 당연하다. 그러나 이것은 비교할 수 있다는 것을 전제로 한 관점이다. 비교할 수 있는 것을 목표로 설정하면 가격 인하처럼 단순하게 판단할 수 있다. 과연 그것이 우리의 가치 만들기로 이어질까?

물론 비교하여 얻은 정보는 기존 시장을 어떻게 이해하는지 힌트를 주고, 자사의 포지셔닝, 고객의 인상이나 이미지를 파악하는 데 도움이 된다. 또한 '지금까지의 경험에서', '가격이 싸면 팔린다', '케이스 스터디에서 이끌어낸 이론' 등의 그럴듯한 정보도 '그렇게 파악할 수도 있다'고 생각하는 재료가 된다.

그러나 어떠한 상품이나 서비스를 취급하더라도 우리가 지향할 목표는 가장 먼저 선택되는 '독자성, 배타성(= 비교할 수 없는 것)'을 찾아내는 것이 아닐까? 왜냐하면 경쟁할 수 없는 존재가 되어 독자적인 가치를 발견하고 고객에게 계속 선택받는 것이 상품 판매의 목표이기 때문이다.

💬 목표를 의심하라

목표를 달성하려면 '가격이 싸면 팔린다'는 식으로 단순하게 큰 요인 한 가지로 다룰 것이 아니라 좀 더 복잡한 것을 봐야 한다. 세상은 심플한 것, 단순한 것을 받아들이기 쉽기 때문에 대부분 그러한 정보에 휘둘린다.

상황을 제대로 파악하려면 '복잡하게 관찰하는 법'을 다룰 수 있어야 한다. 방법은 목표를 의심하는 것이다. 그럴듯하게 흘러가는 판단과 지나치게 단순한 결론을 의심하여 원인과 결과의 관련성을 다시 확인하는 것이 그 목적이다. 상황을 의심할 때는

'관련성'을 생각한다.

💬 인과관계와 상관관계를 나누어라

의심하기 위해 인과관계와 상관관계라는 두 가지 구별을 이용하겠다.

인과는 자신이 한 행위가 그것에 대응한 결과로 나타난다는 것으로, 원인과 결과의 관계를 표현하는 단어다. 나쁜 행위는 나쁜 결과로, 선한 행위는 선한 결과로 통한다는 가르침이다.

그것은 행위와 현상 같이 두 가지 이상의 사항에서 원인과 결과라는 한 방향, 한 줄기의 연결이다. '달리다 → 심박수가 올라간다'와 같은 관계성이다. '달리다 ← 심박수가 올라간다'처럼 역방향 화살표는 성립하지 않는다.

인과관계와 혼동하기 쉬운 것이 상관관계다. 상관관계는 어떠한 관계성이 있어 서로 영향을 주는 관계를 가리킨다.

그렇기 때문에 한 줄기 한 방향의 연결을 확정할 수 있는 인과와는 다르다. '고학력 ↔ 고수입', '바나나를 매일 먹는다 ↔ 날씬하다' 등에는 서로 어떠한 관계가 있을지도 모르지만 인과관계는 성립하지 않는다.

그 어떠한 관계성마저도 우연일지도 모르고 원인과 결과를 혼동하고 있거나 좀 더 다른 것이 두 항목에 영향을 끼치고 있

〈도표 39〉 인과관계와 상관관계의 차이

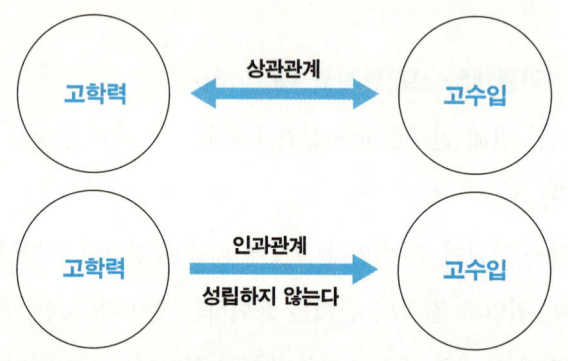

어떠한 관계성이 있을지도 모른다고 해서 '원인→결과' 관계라고 할 수는 없다

을 수도 있다.

　우리는 회의와 같은 자리에서 대화를 하면서 '원인'을 찾는다. 결국 인과관계를 전제로 하고 있다. 조직에서 일어나는 '문제=결과'에는 반드시 원인이 있다고 생각하기 때문이다. 그렇기 때문에 '팔리지 않는다→가격이 비싸다'라는 알기 쉬운 이유를 원인으로 파악할 수 있다.

상관관계를 파악하자

상관관계를 파악해서 문제를 해결한 사례를 소개하겠다. 어느 제조회사가 계속 적자가 누적되자 사장을 외부에서 초빙하여 경영

〈도표 40〉 상관관계를 파악한다

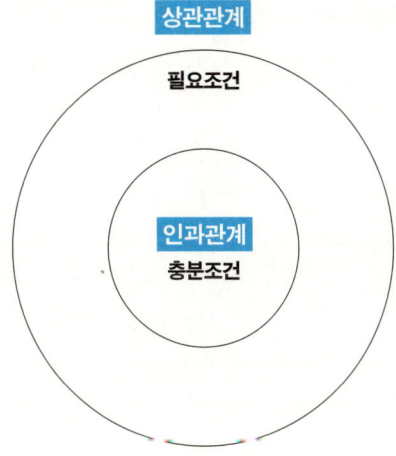

제품 A가 팔리지 않는다면, 그 원인을 생각하여 메모지에 적어내자. 모두 적었으면 그것이 인과관계가 성립되는지 아니면 어떠한 관계가 있다는 상관관계인지 나누어서 프레임워크에 붙여보자.

인과관계는 상관관계에 포함된다. 이 원의 어디에 해당하는지 생각해 보자

을 근본적으로 재검토하기로 했다. 주주도 경영진도 외부에서 온 사장이 구조조정과 사업철수를 단행할 것으로 예측했다.

그러나 사장은 사원의 노동안정성을 재검토하겠다고 약속했다. 주주가 상당히 비난했지만 그는 노동안정성을 강화했다. 그러자 사원이 안심하고 근무하는 환경이 조성되어 생산성이 개선되었다. 생산성이 개선되자 이익률이 올라가고 적자 경영도 해소되었다.

수집한 데이터, 아이디어를 검토할 때 '인과'가 너무 쉽게 파악되면 그 목표를 의심하자. 〈도표 40〉과 같은 프레임워크를 참고해서 여러 현상의 관계성을 다시 파악하자.

| 마치며 |

회의를 진행할 때 생각나는 할머니의 이야기가 하나 더 있다. 나에게 대화하는 자세를 항상 바르게 해주는 '듣는 것'에 대한 이야기다.

> 사람의 이야기를 들을 때
> 전혀 새로운 이야기를 듣는 것처럼
> 마음가짐을 가지렴.
> 상대가 아이라서, 여자라서,
> 마음에 들지 않아서,
> 몇 번이나 들었던 이야기라서

건성건성 하는 자세는 바르지 않단다.
듣는 사람의 그릇이 매우
중요하단다.

회의뿐만 아니라 '대화'와 관련한 일을 할 때 '듣는 기량'을 질문하는 사람이 많다. 진행자는 항상 현장에 흐르는 무언가를 '듣는' 행위를 한다.

이 책에서는 새로운 발견을 추구하고 현상을 타개하며 기존의 개념을 타파하는 데 토대가 되는 룰과 마음가짐을 이야기한다. 그리고 다양한 가치관이 교류하는 대화를 디자인하기 위해 38개 프레임워크를 중점적으로 소개해서 도움이 되고자 했다.

나는 '듣는 기량'이란 누구든 갈고 닦아야 할 자질이라고 생각한다. 대화의 기술과 함께 듣는 기량을 연마하는 것도 중요하게 생각하기 바란다.

이 책의 출판을 도와준 일본실업출판사의 나카오 준 씨, 지금까지 나와 '대화'하는 인연을 맺은 고객 여러분, 그리고 '대화'의 원점인 가족에게 감사의 말을 전한다.

전자책 다운로드 방법

이책의 부록을 다운로드할 수 있습니다.
인터넷에 접속하여 주소창에 아래의 URL을 대소문자 구별하여 입력하세요.
홈페이지(www.loginbook.com) 자료실(기타자료 15)에서도 보실 수 있습니다.

[전자책 다운로드 URL]
http://bit.ly/2i6zw2X

전자책 목차

부록 I | 회의가 잘 되지 않을 때 상황별 대처법

아이디어나 의견이 잘 나오지 않을 때 | 회의 시간이 길어진다 | 회의 횟수가 많다 | 말이 멈추지 않는 사람이 있다 | 좀처럼 의견이 맞지 않는 사람이 있다 | 자신의 의견을 말하지 않는 사람이 있다 | 이해하기 힘든 의견을 말하는 사람이 있다 | 말했다, 말하지 않았다며 다툰다 | 힘 있는 사람의 의견에 끌려간다 | 회의 방향이 어긋날 때 궤도 수정 | 생산적인 휴식을 취하고 싶다 | 두 자릿 수 인원이 모이는 회의일 때 | 범인 찾기나 비판에 치우친다 | 처음부터 활발한 분위기를 만들고 싶을 때 | 멤버의 긴장을 풀어주고 싶을 때 | 회의에서 반대 의견이 많을 때

부록 II | 목적별 다양한 회의 스타일

일상에서 사용하는 1인 회의 | 효과적인 자료 수집엔 디베이트 | 입장을 바꾸어 디베이트하기 | 서로의 문제를 해결하는 2인 세션형 회의 | 다양한 부서의 방향성을 맞추는 1주제 다수형 회의 | 단숨에 회사 전체를 다음 단계로 올리는 동시다발형회의

부록 III | 회의를 활성화하는 포인트!

발전적인 회의를 위한 아이스 브레이크 | 회의록을 만들지 않고 공유하는 방법 | 화이트보드보다 모조전지 | 화이트보드는 가이드 역할 | 서서 대화하기 | 음료와 과자를 활용하라 | 에너지 차임과 토끼귀 | 메모지 애용하기

회의의 고수

1판 1쇄 발행 2017년 12월 10일

지은이   오노 유코
옮긴이   이승정
발행인   유성권
펴낸곳   ㈜이퍼블릭

출판등록   1970년 7월 28일, 제1-170호
주소   서울시 양천구 목동서로 211 범문빌딩 (07995)
대표전화   02-2653-5131 | 팩시밀리 02-2653-2455
www.milestonebook.com

- 이 책은 저작권법에 따라 보호받는 저작물이므로 무단전재와 복제를 금지하며, 이 책 내용의 전부 또는 일부를 이용하려면 반드시 저작권자와 ㈜이퍼블릭의 서면 동의를 받아야 합니다.
- 잘못된 책은 구입처에서 교환해 드립니다.
- 책값과 ISBN은 뒤표지에 있습니다.

마일스톤 은 ㈜이퍼블릭의 비즈니스/자기계발서 브랜드입니다.